技工院校电子商务专业教材

中等职业学校电子商务专业教材

跨境电子商务基础与实务

唐 艳 主编

中国劳动社会保障出版社

简介

本教材主要包括跨境电商入门、跨境电商平台、跨境电商店铺开设、跨境电商店铺设计与装修、跨境电商营销推广、跨境电商支付与结汇、跨境电商物流、跨境电商客户服务等内容。

本教材以“项目—任务”形式编写，设计了任务情境、任务分析、相关知识、任务实训、任务评价、思考与练习等多个栏目，形式生动丰富，语言简练通俗，易于学生理解并将理论转化为实践，从而适应职业岗位的需要。

本教材由唐艳任主编，邓志超、郑雷任副主编，张丽丽、彭荣参与编写。

图书在版编目（CIP）数据

跨境电子商务基础与实务 / 唐艳主编. -- 北京：中国劳动社会保障出版社，2025. --（技工院校电子商务专业教材）（中等职业学校电子商务专业教材）.

ISBN 978-7-5167-6779-5

Ⅰ. F713.36

中国国家版本馆 CIP 数据核字第 20252VX256 号

中国劳动社会保障出版社出版发行

（北京市惠新东街 1 号　邮政编码：100029）

*

河北宝昌佳彩印刷有限公司印刷装订　　新华书店经销

787 毫米 ×1092 毫米　16 开本　14 印张　263 千字

2025 年 5 月第 1 版　　2025 年 5 月第 1 次印刷

定价：32.00 元

营销中心电话：400-606-6496

出版社网址：https://www.class.com.cn

https://jg.class.com.cn

前言

目前，电子商务已成为国家产业结构优化升级、转变区域经济发展方式的战略重点，企业对电子商务专业人才的需求日益旺盛。为了培养更加符合电子商务技术领域和职业岗位（群）任职要求的中等技术应用型人才，我们组建了一支由多所中等职业学校电子商务专业带头人、专职教师及企业专家组成的编写团队，开发了这套电子商务专业教材。教材主要具有以下几点特色。

第一，满足中等职业学校教学所需。结合国家职业标准、企业需求及教学实际，构建了一个涵盖电子商务、跨境电子商务、移动商务、网络营销与直播电商的完整教材体系，包括《电子商务基础》《电子商务法律法规》等专业基础课教材，《电子商务网页设计》《电子商务数据采集与处理》《短视频制作》等技术与服务类专业核心课教材，《网店运营实务》《跨境电子商务基础与实务》《电商直播》《网店推广》等运营与推广类专业核心课教材，《电子商务会计》《电子商务物流》《电子商务文案写作》等专业拓展课教材及配套习题册等，体系完整，覆盖面广，能够满足中等职业学校教学所需。

第二，契合企业岗位任职要求。中职电子商务专业毕业生主要面向网商、跨境电商和服务电商企业，使用计算机、网络、通信等现代信息技术从事商务活动。因此，教材紧跟企业岗位任职要求，以从零起点培养学生的职业能力为原则，根据国家职业标准中的技能要求和相关知识要求设计教材内容，突出企业需求，彰显中职电子商务教材特色。

第三，符合学生认知规律。教材以中等职业学校教学模式为指引，采用“项目—学习任务”式编写形式，通过丰富的案例分析、知识拓展和课堂思考，激发学生的学习兴趣，让学生在实践中学习，在任务中成长。另外，教材的设计也充分考虑了学生的认知规律，尽可能多地以图表代替大段冗长的文字叙述，降低学习难度；采用双色或四色印刷，以提高教材的表现力。

第四，教学资源配套丰富。我们遵循有效性原则，根据教材内容和教学实际，开发相对应的微课、视频、图片资源库等数字化配套产品，以便于教师拓展教学和学生自主学习。电子课件及习题册答案可登录技工教育网（jg.class.com.cn）查询下载，数字化配套产品扫描书中二维码即可在线观看或收听。

本套教材的编写工作得到了有关学校的大力支持，教材的编审人员做了大量的工作，在此，我们表示衷心的感谢！同时，恳切希望广大读者对教材提出宝贵的意见和建议。

目录

项目一　跨境电商入门

项目二　跨境电商平台

项目三　跨境电商店铺开设

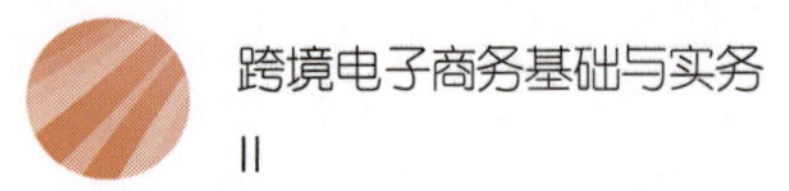

项目四　跨境电商店铺设计与装修

项目五　跨境电商营销推广

项目六　跨境电商支付与结汇

项目七　跨境电商物流

项目八　跨境电商客户服务

项目一
跨境电商入门

项目概述

近年来，跨境电商犹如一匹奔腾的“黑马”，其发展速度之快、市场潜力之大、带动作用之强，使其迅速成为推动外贸高质量发展的全新引擎。当前，我国的跨境电商进出口业务展现出蓬勃的发展态势，为我国外贸稳定规模与优化结构提供了有力的支持。跨境电商行业也因之深受各级政府的高度重视，并获得了国家产业政策的重点扶持。为此，国家相继出台了一系列政策，涵盖物流、监管、关税、海外仓建设、综合试验区建设等多个方面。对于有志于投身跨境电商领域的年轻人而言，在步入职场之前，对跨境电商的基本知识和行业动态有所了解与认识显得尤为重要。

学习目标

知识目标

1. 了解跨境电商的基本内涵。
2. 了解跨境电商与传统外贸、传统电商的区别。
3. 熟悉跨境电商的基本类型。
4. 熟悉跨境电商企业的主要岗位职责。

- **技能目标**

1. 能够区分跨境电商的不同类型。
2. 能够掌握跨境电商行业的就业需求。

- **素养目标**

1. 培养职业荣誉感和责任心。
2. 培养互联网思维和创新思维。

任务 1 跨境电商的基本概念

任务情境

李华即将进入从事跨境贸易的 A 电商公司实习。为了更好地适应新环境，他计划在入职前全面学习跨境电商的相关知识。为此，他积极上网搜集相关资料，并寻求专业教师的指导。

任务分析

跨境电商是依托互联网发展而兴起的一种新型贸易业态，它并非传统国际贸易的简单互联网化，而是展现了新经济特征的跨境贸易新生态。在本任务中，我们将深入学习跨境电商领域的基本知识和业务范围。

相关知识

一、跨境电商的基本内涵

1. 跨境电商的定义

跨境电商是指将传统外贸中的合同磋商、合同订立、合同履行等环节电子化，并通过跨境物流及异地仓储送达商品、完成交易的一种新型贸易方式。从广义上来说，跨境电商是指电商在国际贸易领域的应用。从狭义上来说，跨境电商是指分属不同国（关）境的交易主体，通过电商平台达成交易、进行支付结算，并通过跨境物流送达商品、完成交易的一种国际商业活动，特指跨境电商 B2C 零售业务。

知识链接

国境和关境

关境是“海关境界”的简称，亦称“关税国境”，是执行统一海关法令的领土范围。国境与关境之间存在紧密的联系，具体表现在以下几个方面。

（1）在一般情况下，关境的范围等于国境。

（2）关境可能大于国境。例如，在关税同盟中，成员之间的货物进出国境不征收关税，而对来自或运往非同盟国的货物在进出共同关境时要征收关税。因此，对于每个成员而言，其关境大于国境，如欧盟即为此类情况。

（3）关境也可能小于国境。当在国内设立自由港、自由贸易区等特定区域时，由于进出这些区域的货物通常免税，因此该国的关境会小于其国境。

我国的关境范围涵盖除享有单独关境地位的地区以外的中华人民共和国的全部领土，包括领水、领陆和领空。

2. 跨境电商的主要特征

跨境电商是互联网与外贸结合而产生的一种新型行业。与传统国际贸易相比，跨境电商具有以下几个显著特征。

（1）交易主体多样化。跨境电商不仅涉及传统的国际贸易中的生产者和消费者，还广泛吸纳了中间商、服务商、第三方平台等多种角色，共同构成了一个复杂而多元的交易网络和关系体系。例如，中国的消费者可以通过亚马逊（英国站）这样的第三方平台，直接从英国的生产者处购买商品，并享受亚马逊提供的支付、物流、售后等一系列服务。

（2）交易方式灵活化。跨境电商支持多种交易方式，根据交易主体的不同，可以划分为 B2B（企业对企业）、B2C（企业对消费者）、C2C（消费者对消费者）等类型。这些交易方式能够满足不同交易主体的需求和偏好，并且可以实现相互结合和转化。例如，中国的服装企业既可以通过阿里巴巴国际站这样的 B2B 平台向欧洲的批发商出售商品，也可以通过自己的官网或全球速卖通这样的 B2C 平台直接面向欧洲的消费者销售商品。

（3）交易内容丰富化。跨境电商涵盖了各种类型的商品和服务，不仅包括传统的实物商品，如服装、鞋帽、家电、食品等，还涉及数字商品，如音乐、电影、游戏、软件等，以及各种服务，如旅游、教育、金融、咨询等。这些商品和服务的跨境交易极大地扩展了国际贸易的范围和规模，为消费者提供了更多的选择和便利。例如，菲律宾的消费者可以通过“网易云音乐”这样的数字平台收听中国的音乐，也可以通过“去哪儿”这样的旅游平台预订中国的酒店和机票；同样地，中国的消费者也可以通过“VIPKID”这样的教育平台让小孩学习外国的语言和文化等。

（4）交易过程直接化。跨境电商凭借信息技术的优势，能够实现跨境企业之间、企业与消费者之间的直接贸易，减少中间环节，提高交易效率。同时，这种直接化的交易过程还有助于企业降低中间成本，并将这部分成本让利给消费者，从而降低产品价格。例如，中国的企业通过建设自己的 Shopify 网站，并采用 DTC（Direct to Consumer）模式，即直接面对消费者的线下线上营销模式，将产品直接销售给国外消费者，既减少了中间环节又提高了交易效率。

二、跨境电商与传统外贸的区别

传统外贸，通常指的是对外贸易，它涉及一个国家（或地区）与另一个国家（或地区）之间的商品、劳务和技术的交换活动。例如，中国向德国出口家电，一次性出口 10 000 台电冰箱，若每台电冰箱的价格为 500 欧元，则德国需向中国支付 500 万欧元，这通常通过银行转账完成，此类交易即属于传统的 B2B 外贸业务。与传统外贸相比，跨境电商有以下几个方面的不同之处。

1. 传播方式不同

跨境电商与传统外贸在传播方式上有所不同，但两者的核心目标都是吸引客户并完成商品交易。传统外贸主要依赖新闻资讯、电子邮件、展销会等渠道来传播和宣传商品或服务。而跨境电商则通过平台或自建网站等渠道直接发布商品信息。随着跨境电商的蓬勃发展，跨境电商平台如雨后春笋般涌现，如全球速卖通、亚马逊、eBay等，企业可以根据自身的实际情况选择合适的平台来开展跨境电商业务。

2. 交易环节不同

在传统外贸中，由于主要涉及大宗商品交易，进出口贸易流程十分复杂，需经历生产商、出口商、进口商、批发商、零售商、消费者等多个中间环节，此外还需根据国外物流行业开展多层级的分销，最后货品才会抵达终端消费者。相比之下，跨境电商直接面对终端消费者，其通过跨境物流将产品直接运送到消费者手中，从而缩减了交易环节并降低了成本。

3. 交易方式不同

在传统外贸中，交易双方的交易方式主要是线下交易，即交易并不通过第三方支付平台，而是直接的、线下面对面的交易。而在跨境电商中，交易双方依靠平台进行线上交易，支付过程需要有第三方支付平台的介入。

4. 税收差异

由于传统外贸往往涉及大宗商品交易，因此在海关审核和税务申报方面相对复杂，涉及的税种就包括关税、增值税、消费税等。而当跨境电商以商家对个体的交易方式进行时，税收处理则相对简单。

5. 商业模式不同

传统外贸的基本模式是 B2B 模式，这是全球化贸易发展初级阶段的产物。然而，随着电商的发展和消费者需求的变化，B2C 模式将成为未来跨境电商的主要模式。这也是全球化贸易发展的必然结果。

传统外贸和跨境电商的比较见表 1–1–1。

表 1–1–1　传统外贸和跨境电商的比较

项目	传统外贸	跨境电商
交易主体交流方式	面对面，直接接触	通过互联网平台，间接接触
运作模式	基于商务合同的运作模式	需借助互联网电商平台
订单类型	大批量、少批次、订单集中、周期长	小批量、多批次、订单分散、周期相对较短
价格与利润率	价格高、利润率相对低	价格实惠、利润率相对较高
产品类目	产品类目少、更新速度慢	产品类目多、更新速度快
规模与增长速度	市场规模大但受地域限制，增长速度相对缓慢	市场规模大，面向全球市场，增长速度快
交易环节	复杂（生产商—出口商—进口商—批发商—零售商—消费者），涉及中间商众多	简单（生产商—零售商—消费者，或生产商—消费者），涉及中间商较少
支付方式	电汇、信用证等传统贸易支付方式	需借助第三方支付，支付方式多样
物流运输	以空运、集装箱海运为主，物流对交易影响小	通常借助第三方物流企业，一般以航空小包的形式完成，物流对交易影响大
通关与结汇	按传统国际贸易程序，享受正常通关、结汇和退税政策	通关缓慢或有一定限制，退税和结汇政策受限
争端处理	有完善的争端处理机制	争端处理机制相对不完善，效率较低

三、跨境电商与传统电商的区别

传统电商主要指境内电商，而跨境电商与传统电商在多个方面存在显著差异。

1. 交易主体不同

跨境电商的交易主体分属不同关境，其参与对象包括境外和境内的商家、客户、物流企业、银行等。相比之下，境内电商的交易双方同属一个国家，即国内的卖家在线销售给国内的买家，其参与对象主要涉及境内的商家、客户、物流企业、银行等。

2. 运营环境不同

跨境电商运营处于对外贸易环境，运营者与买家之间可能存在语言障碍。尽管可以借助翻译软件进行沟通，但具备一定的外语基础仍是有益的。而境内电商与买家之间基本不存在语言障碍。此外，运营跨境电商要考虑外国消费者的产品喜好、不同国家之间的时差以及文化差异等因素。还要考虑国外的节假日情况，如美国的“黑色星期五”大促日，其运营目标和节日促销方式与中国的“双十一”促销日有所不同。因此，了解和熟悉外语环境和外国文化是跨境电商运营的关键。

3. 业务复杂程度不同

境内电商的业务包括在线交易、支付结算、国内物流等环节，而跨境电商的业务除此之外还增加了国际物流、出入境清关、国际结算等环节。

4. 关税不同

自 2016 年 4 月 8 日起，中国正式实施跨境电商零售进口税收政策，并同步调整了行邮税。跨境电商零售进口商品不再按照邮递物品征收行邮税，而是按照货物征收关税和进口环节增值税、消费税。税额暂按法定应纳税额的 70% 征收，同时取消了免征税额，这意味着跨境电商免税时代结束。而境内电商销售的产品不涉及缴纳关税问题。

5. 面临的风险不同

跨境电商的整个交易流程涉及仓储管理、跨境物流、国际货款支付和结算等多个环节，面临着供货风险、运输风险、汇率风险及法律法规风险等各类风险。相比之下，境内电商面临的风险相对较少，且这些风险更容易被掌控和管理。因此，跨境电商企业应加强对各类风险的预防和控制，以提升企业的整体风险管理能力。

任务实训

实训目的：

能明确区分跨境电商、境内电商以及传统外贸，理解它们各自的定义、特点、运营方式及市场环境，从而在实际业务中能够准确识别并应用相关知识。

实训内容：

仔细阅读表 1–1–2 中的“活动描述”，并判断其属于跨境电商、境内电商还是传统外贸模式，在正确的选项下打“√”。

实训步骤：

【步骤 1】回顾所学习的跨境电商、境内电商以及传统外贸的定义、特点、运营方式等相关知识。

【步骤 2】仔细阅读表 1–1–2 中的“活动描述”，确保理解每一项描述所代表的具体业务场景。

【步骤 3】对于某些可能不太熟悉的活动描述，可以利用网络搜索引擎或访问相关电商平台、外贸网站的官方帮助中心，查找更多详细信息。

【步骤 4】根据所学知识和网络搜索结果，判断并作出选择。

【步骤 5】总结在本次实训中的收获，思考如何将所学知识应用到实际工作中。

表 1–1–2　区分跨境电商、境内电商和传统外贸

序号	活动描述	跨境电商	境内电商	传统外贸
1	小王从天猫国际平台购买了一套化妆品			
2	哪一种业务模式包含在线交易、国际物流、出入境清关、国际结算等环节			
3	小王从京东商城购买了一台笔记本电脑，商家通过京东物流送达			
4	哪一种业务模式具有大批量、少批次、订单集中、周期长的特点			
5	小王在亚马逊平台上使用英语回复外国客户的即时消息			
6	哪一种业务模式面向全球市场，市场规模大，增长速度快			
7	小王使用微信支付从美团订购了一束鲜花			
8	小王使用国际航空小包完成了平台的物流发货			

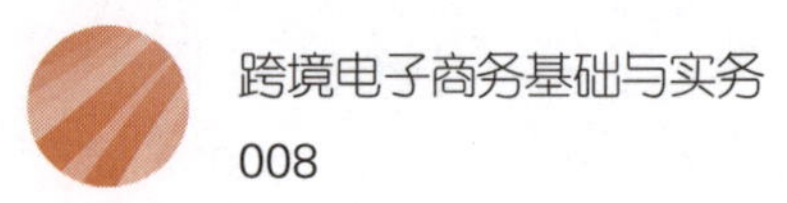

任务评价

学生完成自我小结并在表 1-1-3 中进行自评打分，教师根据学生表现进行点评并打分。最后按“自我评分 ×40%+ 教师评分 ×60%”的方法计算得分。

表 1-1-3　任务评价表

类别	评价内容	配分	自我评分	教师评分	得分
知识技能	了解跨境电商的定义及其主要特征	20			
	了解跨境电商与传统外贸的区别	20			
	了解跨境电商与传统电商的区别	20			
职业素养	工作态度细致、认真、严谨	10			
	具备一定的团队合作和沟通能力	20			
	具备一定的创新能力	10			
合计					

思考与练习

请简述跨境电商的主要特征，并举例说明这些特征在实际交易中的应用。

任务 2　跨境电商的基本类型

任务情境

李华在学习跨境电商知识的过程中发现，该领域存在多种不同的业务模式。这引发了他的思考：这些业务模式各自具有哪些具体的特点？自己即将进入实习的 A 电商公司采用的又是哪一种业务模式呢？带着这些问题，他决定进一步深入研究，以便为即将到来的实习工作做好充分的准备。

任务分析

跨境电商行业的迅速发展带来了业务模式的多样化。为了更好地理解和把握跨境电商的不同业务模式及其特征，本任务将从商品流向、交易主体、平台运营方式以及平台服务内容这四个核心维度出发，对跨境电商进行分类探讨。通过对这些维度的深入剖析，我们将能够更加全面地认识跨境电商的运作模式及其特点，为学习和实践提供坚实的基础。

相关知识

一、按照商品流向分类

按照商品流向的不同，跨境电商可分为进口跨境电商（Import Cross-border E-commerce）和出口跨境电商（Export Cross-border E-commerce）。

1. 进口跨境电商

进口跨境电商是指境外企业借助跨境电商平台与境内企业或个人买家达成交易，然后通过跨境物流将商品送至境内，完成交易的商业活动。进口跨境电商让国内消费者能够轻松购买到世界各地的优质商品，同时也为国内企业提供了更多的采购渠道和选择。进口跨境电商的代表电商平台有洋码头、网易考拉、天猫国际等。

2. 出口跨境电商

出口跨境电商是指境内企业借助跨境电商平台与境外企业或个人买家达成交易，然后通过跨境物流将商品送至境外，完成交易的商业活动。出口跨境电商是国内企业走向全球市场的有力武器，它不仅能够帮助企业拓展市场，还能提高品牌知名度和竞争力。出口跨境电商的代表电商平台有全球速卖通、eBay、Temu、SHEIN、Wish、阿里巴巴国际站、敦煌网、环球资源网等。

二、按照交易主体分类

按照交易主体的不同，跨境电商可以分为跨境 B2B（Business to Business）模式和跨境零售（Cross-border Retail）模式。

1. 跨境 B2B 模式

跨境 B2B 模式，亦称跨境批发（Cross-border Wholesale）模式，是指分属不同关境的企业之间，通过电商平台达成交易、进行支付结算，并通过跨境物流送达商品、完成交易的一种国际商业活动。

2. 跨境零售模式

跨境零售模式包括跨境 B2C（Business to Customer）模式和跨境 C2C（Customer to Customer）模式。

跨境 B2C 模式是指分属不同关境的企业直接面向消费者个人开展在线销售商品的活动。它通过电商平台达成交易、进行支付结算，并通过跨境物流送达商品、完成交易，是一种国际商业活动。

跨境 C2C 模式是指分属不同关境的个人卖方对个人买方开展在线销售商品的活动。个人卖方通过第三方电商平台发布商品的信息和价格等，个人买方进行筛选，最终通过电商平台达成交易、进行支付结算，并通过跨境物流送达商品、完成交易，这也是一种国际商业活动。跨境 B2B、B2C 和 C2C 三种模式的比较见表 1-2-1。

表 1-2-1　跨境 B2B、B2C 和 C2C 模式的比较

商业模式	主要特点	业内代表
跨境 B2B	该模式是企业之间利用互联网实现商品、服务与信息的交流。交易量大、次数少、订单相对集中	中国制造网、阿里巴巴国际站、环球资源网等
跨境 B2C	该模式的卖方是企业，买方为个人消费者，是企业以零售方式将商品销售给消费者的一种模式。交易量小、次数多、订单分散	全球速卖通、亚马逊、天猫国际、SHEIN、Temu 等
跨境 C2C	该模式的买卖双方都是个人，即经营主体是个人，面向的也是个人消费者。交易不确定性大，总体额度低	eBay、洋码头、易趣全球集市等

三、按照平台运营方式分类

按照平台运营方式的不同，跨境电商平台可以分为第三方开放平台（Third-party platform）和自营型平台（Self-operated platform）两种。

1. 第三方开放平台

第三方开放平台通过线上搭建商城，整合物流、支付等资源，吸引商家入驻平台，并为商家提供跨境电商交易服务。其主要的盈利模式是收取商家佣金以及提供增值服务所获得的佣金。代表电商平台有全球速卖通、敦煌网、环球资源网、阿里巴巴国际站等。

2. 自营型平台

自营型平台也是通过线上搭建平台，但平台方自己整合供应商资源，寻找货源、

采购商品，并通过自己的平台售卖商品。其主要的盈利模式是获取商品差价。代表电商平台有兰亭集势、米兰网、大龙网、京东全球购、小红书等。

四、按照平台服务内容分类

按照平台服务内容的不同，可以将其划分为信息服务平台（Information service platform）、在线交易平台（Online trading platform）、外贸综合服务平台（Foreign trade service platform）三种类型。

1. 信息服务平台

此类平台主要为境内外会员商家提供网络营销平台，用于传递供应商或采购商等商家或服务信息，以促成双方完成交易。简而言之，就是为交易双方提供一个信息交换的场所。会员费是该类平台的主要收入来源，同时，平台还为会员商家提供诸如竞价排名、点击付费及展位推广等增值服务。代表电商平台有阿里巴巴国际站、环球资源网、中国制造网等。

2. 在线交易平台

此类平台不仅能提供企业、产品、服务等多方面的信息展示，还支持交易双方的在线交易。通过该平台，用户可以线上完成搜索商品、咨询客服、对比商品、下单购买、支付款项、评价等全购物流程。该类平台已逐渐成为跨境电商的主流模式，其盈利模式主要是收取佣金以及展示费用。代表电商平台有敦煌网、全球速卖通、Deal Extreme、炽昂科技、米兰网、大龙网等。

3. 外贸综合服务平台

此类平台是指整合外贸各环节服务，并将其统一提供给中小外贸企业的服务平台。其主要服务涵盖融资、通关、退税以及物流、保险等外贸必需环节，即为企业提供关、检、汇、税、商一体化的进出口贸易服务。代表电商平台有阿里巴巴一达通、四海方舟等。

任务实训

实训目的：

学会区分跨境电商平台的类型。

实训内容：

请根据所学知识，结合网络搜索，识别表 1-2-2 中跨境电商平台的 logo 标志，找出对应的平台名称和网址，判断其类型，并将表格填写完整。

实训步骤：

【步骤 1】根据所学知识，结合网络搜索，找到对应的平台名称。

【步骤 2】对每个识别出的平台，进一步搜索访问其官方网址。

【步骤 3】确认平台的出口模式、进口模式以及平台类型。

【步骤 4】填写表 1-2-2。

表 1-2-2　跨境电商平台类型

logo 标志	平台名称	网址	出口模式	进口模式	B2C	C2C	B2B
			对应处画“○”				
考拉海购							
洋码头							
ebay							
LAZADA							
Lightinthebox.com							
Made-in-China Connecting Buyers with Chinese Suppliers							
global sources							
amazon							

任务评价

学生完成自我小结并在表 1-2-3 中进行自评打分，教师根据学生表现进行点评并打分。最后按“自我评分 ×40%+ 教师评分 ×60%”的方法计算得分。

表 1-2-3　任务评价表

类别	评价内容	配分	自我评分	教师评分	得分
知识技能	能够区分按照商品流向分类的跨境电商类型	15			
	能够区分按照交易主体分类的跨境电商类型	15			
	能够区分按照平台运营方式分类的跨境电商类型	15			
	能够区分按照平台服务内容分类的跨境电商类型	15			
职业素养	工作态度细致、认真、严谨	10			
	具备一定的团队合作和沟通能力	20			
	具备一定的创新能力	10			
合计					

思考与练习

1. 请简述进口跨境电商和出口跨境电商的定义，并分别举例说明这两种模式在实际交易中的应用。
2. 请比较跨境 B2B 模式、跨境 B2C 模式和跨境 C2C 模式的主要特点，并分别列举代表这些模式的电商平台。
3. 请按照平台运营方式和平台服务内容两种分类标准，对跨境电商平台进行分类，并分别列举代表每种类型的电商平台。

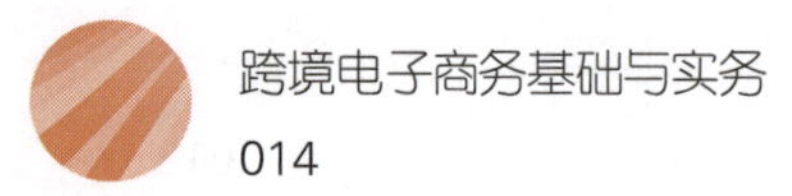

任务 3　跨境电商的相关岗位

任务情境

李华进入 A 电商公司，开始了他的实习生涯。在正式步入工作岗位之前，经理特别指出，李华需要先行了解并掌握公司内部各个职位的具体职责与工作要求。为此，在经理的悉心引领下，李华开始逐步深入地接触并学习跨境电商平台的常规运营工作。

任务分析

跨境电商行业的从业者不仅需要深入了解跨境电商交易的各个环节和流程，还需要了解各个岗位的职责和要求，不断提升自身综合能力，以适应快速变化的市场环境。在本任务中，我们将对跨境电商企业的主要岗位及其需要具备的职业能力进行全面而深入的梳理。

相关知识

一、跨境电商企业主要岗位

接下来，我们将详细介绍 B2B 出口跨境电商企业和 B2C 出口跨境电商企业的主要岗位。

1. B2B 出口跨境电商企业主要岗位

B2B 出口跨境电商企业的主要岗位包括建站与后台维护、询盘订单转化、订单操作与单证处理、生产安排与跟单管理。建站与后台维护岗位负责企业网站的建设和维护，确保网站的正常运行；询盘订单转化岗位负责将客户的询盘转化为有效订单；订单操作与单证处理岗位负责处理订单和相关的单证工作；生产安排与跟单管理岗位负责监督生产进度和跟进订单的配送等工作。这些岗位的主要职责各不相同，但共同的目标是确保跨境电商交易顺利进行。B2B 出口跨境电商企业主要岗位的职责见表 1–3–1。

表 1-3-1　B2B 出口跨境电商企业主要岗位的职责

岗位名称	职责描述
建站与后台维护	1. 搭建网站框架 能够对公司网站进行整体设计、内容编辑和视觉美化等工作 2. 后台操作 熟练掌握后台各项功能，包括上传商品信息、发布文章、管理用户评论等，同时了解并运用后台数据分析工具，如流量来源分析、访客行为分析、转化率分析等，为优化网站提供数据支持 3. 优化关键词 能够提炼出具有高搜索量且竞争度相对较低的关键词，并在网站内容和标题中进行有效优化；利用后台的关键词热度分析工具，验证关键词的使用效果，并进一步优化网站内容，提升搜索引擎排名 4. 编辑图片 熟练使用图像处理软件（如 Photoshop 等），掌握图片编辑技巧，包括裁剪、滤镜应用、拼图等，以提升网站的整体视觉效果和用户体验 5. 撰写商品描述 能够准确、生动地描述商品的特征、功能、技术参数、价格以及竞争优势等信息，以提高转化率。在撰写商品描述时，运用恰当的营销策略和语言技巧，以激发消费者的购买欲望，促进销售
询盘订单转化	1. 分析买家信息 通过深入了解买家的公司背景、行业类型、采购需求以及过往交易记录等信息，更准确地把握买家的需求和偏好，进而提供更加精准的服务。同时，利用社交媒体、行业论坛等渠道获取买家的个人信息，建立更加紧密的联系 2. 分析询盘内容 收到买家的询盘后，应仔细阅读并分析其中的关键信息，以便更好地了解买家的具体需求，从而提供更加贴合其需求的产品和服务。此外，还应关注买家在询盘时的措辞，分析他们对待价格的态度，以便制定更加合理的价格策略和谈判方案 3. 判断询盘目的 有些买家可能只是搜寻信息，有些则可能有明确的采购意向，需要通过与买家的沟通，判断他们的真实目的。此外，还要关注买家是否提出了参观工厂、签订合同等进一步的合作要求，这有助于判断买家对交易的重视程度 4. 促进询盘转为订单 通过提供具有竞争力的价格、制定合理的发货方案、提供优质的售后服务，策划并执行促销活动，与买家保持密切的沟通，推动订单的成功转化 5. 积极回复询盘 详细解答买家的问题，并提供必要的额外信息。保持友好、诚恳的态度，与买家建立信任关系。在沟通过程中，要注重倾听买家的意见，尊重他们的决策，以便更好地达成合作

续表

岗位名称	职责描述
订单操作与单证处理	1. 确认样品 负责提供清晰、详尽的样品图片、视频等多媒体资料，确保买家能够全面了解产品的外观、性能及质量。对样品进行仔细核对，确认无误后推进后续交易流程 2. 选择物流方式 根据买家需求和实际情况，选择最合适的物流方式，确保货物安全、准时送达。考虑并处理运输过程中的保险、清关等事宜，保障货物安全与顺利通关 3. 选择支付方式 选择信誉良好的支付平台（如支付宝、PayPal 等），兼顾买卖双方利益，确定合适的支付方式（如预付定金、货到付款等）。确保双方严格按照约定的支付方式执行，保障交易安全顺利进行 4. 沟通交易时间 在安排交易时间时，需充分考虑库存和生产周期，避免交易延误。与买家明确沟通交货时间，确保按时履行合同。密切关注交易进度，如遇延误，及时与买家协商解决，确保交易顺利进行
生产安排与跟单管理	1. 生产安排 根据订单需求和库存状况，制订详细的生产计划，确保生产进度与订单交付时间相匹配。协调生产部门、采购部门及供应商之间的工作，加强沟通，确保生产所需原材料和资源的及时供应。监控生产过程中的关键环节，确保产品质量符合标准，及时调整生产计划以应对突发情况。评估生产能力和效率，不断优化生产流程，提高生产效率和加强成本控制 2. 跟单管理 负责从订单确认到发货的全过程跟踪，确保每个环节按时、按质完成。与买家保持密切沟通，及时反馈生产进度、物流信息及其他相关事宜，确保买家对订单状态的全面了解。处理订单执行过程中的各种问题，如生产延误、质量问题、物流异常等，确保问题得到及时解决，不影响订单交付。审核并准备发货所需的各类单证，如发票、装箱单等，确保单证的准确性和完整性。定期对跟单过程进行总结和分析，提出改进建议，以提升订单执行效率和客户满意度

2. B2C 出口跨境电商企业主要岗位

根据人才能力要求的不同，B2C 出口跨境电商企业的主要岗位可分为初级、中级、高级三个层次。依据不同的岗位级别，企业能够更有效地规划人才的发展与培养路径。

（1）初级岗位。初级岗位人员需掌握跨境电商行业的基本知识和技能，并能处理相关事务。此类岗位主要包括客户服务、视觉设计、网络推广、跨境物流、报关等，是跨境电商运营中不可或缺的环节。B2C 出口跨境电商企业初级岗位的职责见

表 1-3-2。

表 1-3-2　B2C 出口跨境电商企业初级岗位的职责

岗位名称	职责描述
客户服务	能够利用电话、邮件等方式，熟练地运用英语、德语、法语或其他小语种与买家进行有效的沟通交流。对不同国家和地区的相关法律法规有所了解，能够灵活地处理知识产权纠纷
视觉设计	精通视觉美学和视觉营销，能够拍摄合适的商品图片，并设计美观的商品详情页。能够设计并装修精美的店铺主页，提升品牌形象，优化用户体验
网络推广	能够熟练地对商品进行编辑、上传和发布。掌握搜索引擎优化技术、网站检测技术和基本的数据分析方法，帮助企业更好地进行商品推广，提升网站的排名和流量
跨境物流	掌握国际订单处理、电商通关、检验检疫的规则和流程。协助本部门处理好海关、商检等环节的工作，确保货物顺利进出口
报关	全面负责企业进出口商品报关方面的日常事务和管理工作。组织实施并监督报关业务的全过程，追踪并掌握商品在报关和查验环节的情况。出现问题时及时解决，确保报关工作的顺利进行

（2）中级岗位。中级岗位人员需展现商务型人才的特质，熟悉跨境电商运营业务，并对现代商务活动有深入的了解。他们应掌握跨境电商的基础知识，熟悉跨境电商业务运营规律，并能熟练处理相关业务。中级岗位主要包括市场运营管理、采购与供应链管理、国际结算管理等，这些岗位要求人员具备较强的管理和协调能力。B2C 出口跨境电商企业中级岗位的职责见表 1-3-3。

表 1-3-3　B2C 出口跨境电商企业中级岗位的职责

岗位名称	职责描述
市场运营管理	需精通互联网技术，同时具备网络营销推广的能力。能够运用网络营销手段开展商品推广工作，包括商品信息编辑、活动策划、商品大数据分析和用户体验分析等，更有效地推广商品，提高销量
采购与供应链管理	负责企业整个供应链的运作，确保商品采购、生产、仓储、配送等环节的正常进行。需要根据不同国家和地区买家的文化心理、生活习俗、消费习惯、消费特点等采购合适的商品。与商品供应商保持稳定的合作关系，以保证商品质量和供应的稳定性，从而提高客户的满意度
国际结算管理	需掌握并能灵活运用国际结算中的各项规则，以有效控制企业的国际结算风险。具备在贸易、出口、商品及金融等领域的综合管理能力。熟练运用法律法规，保障企业的合法权益，以帮助企业更好地开展跨境电商业务

（3）高级岗位。跨境电商的发展前景极为广阔，因此，对高级岗位人才的需求也显得尤为迫切。这类人才需要对跨境电商的前沿理论有深入的理解，并具备前瞻性思维，能够将跨境电商的经营层面提升至战略高度。同时，他们还需洞察并掌握跨境电商的特点与发展规律，以引领跨境电商产业持续向前发展。这类人才被誉为“深谙跨境电商发展之道”的战略型人才，他们具备高度的认知与领导力，能在跨境电商领域发挥举足轻重的作用并产生深远的影响。B2C 出口跨境电商企业高级岗位的职责见表 1-3-4。

表 1-3-4　B2C 出口跨境电商企业高级岗位的职责

岗位名称	职责描述
高级职业经理人	具备高度的决策能力和团队管理能力，全面负责跨境电商企业的整体发展与运营。需具备出色的跨部门协调能力和团队领导力，以确保企业战略在日常工作中的有效实施。通过有效管理和领导，保障企业的稳健发展和高效运营
跨境电商领军人物	需具备敏锐的市场洞察能力，能够发现并抓住跨境电商产业发展中的机遇。同时，应具备良好的创新意识和执行力，积极推动企业在跨境电商领域进行技术创新、业务模式创新和管理创新，以引领企业不断前行

二、跨境电商人才综合素质和职业能力要求

1. 综合素质要求

跨境电商人才需要具备的综合素质要求见表 1-3-5。

表 1-3-5　跨境电商人才综合素质要求

素质	要求
职业素养	需具备良好的职业态度和职业道德修养，树立正确的择业观和创业观。坚守职业操守，具备爱岗敬业、诚实守信的品质，并具备从事职业活动所必需的基本能力和管理素质。同时，还应具备脚踏实地、严谨求实、勇于创新的素质
国际化视野	能够理解和沟通不同文化背景的人，并在竞争中善于把握机会，争取主动
创业意识和责任意识	了解跨境电商对国际贸易的影响，以及跨境电商背景下创业的特点、趋势、方法和技巧。应能够承担相应的责任，并为企业的发展贡献力量，同时符合社会的期待和要求
身心素质	具有坚韧不拔的毅力、积极乐观的态度和健全的人格品质，以保持身心健康，确保工作的高效和个人的发展。还应具备良好的应对压力和适应变化的能力，以应对跨境电商领域快速变化的环境

2. 职业能力要求

跨境电商人才应具备的职业能力要求见表 1–3–6。

表 1–3–6　跨境电商人才职业能力要求

能力	要求
职业通用能力	需具备熟练的外语沟通能力，熟悉国际贸易知识，同时拥有跨文化意识和交际能力。还应熟练掌握基本办公软件的使用，并对国际贸易地理、国际船务航线以及国际快递知识有深入的了解和灵活应用能力
职业专门能力	需要熟悉各种跨境电商平台定位与经营模式，具备网店选品和定价的能力，以及商品图片处理和信息上传优化的技能。还应了解物流公司和各类跨境物流模式，并具备跨境物流定价的能力。同时，需要熟悉国际知识产权方面的知识，具备风险识别和侵权处理的能力。熟练应用各类站内外推广工具
职业综合能力	需具备利用各种工具和平台有效地进行客户开发、维护和管理的能力。还应能够根据具体的跨境电商平台和店铺，有效地进行站内、站外及全网营销和推广。同时具备店铺询盘处理、订单管理和物流协调的综合能力，以及跨境电商创业意识和创业项目可行性分析的能力
职业拓展能力	应具备国际船务和货代业务处理的能力，以及国际会展的策划、组织、接待和协调能力。还需要具备一定的跨境电商网页设计能力和移动跨境电商运营能力，以适应不断变化的市场需求和业务拓展需要

任务实训

实训目的：

掌握跨境电商企业主要岗位的招聘要求，从而更好地规划职业生涯，提升就业竞争力。

实训内容：

使用搜索引擎，查找跨境电商企业主要岗位的职责、岗位要求、薪资待遇以及英语与计算机能力的要求，并将相关信息填入表 1–3–7 中。

实训步骤：

【步骤 1】依次搜索“跨境电商　平台运营专员　招聘要求”“跨境电商　选品专员　招聘要求”等，直到表 1–3–7 中所有岗位的招聘要求都被搜索完毕。

【步骤 2】在搜索结果中找到相关的招聘信息，仔细阅读并提取岗位职责、岗位要求、薪资待遇（以当地为主）以及英语与计算机能力要求。

【步骤 3】将提取的信息填入表 1–3–7 中。

【步骤 4】根据填写的信息，分析各岗位的要求和特点，为未来的职业生涯规划提供参考。

表 1–3–7　跨境电商企业主要岗位分析

岗位名称	岗位职责	企业岗位要求	薪资待遇	英语与计算机能力要求
平台运营专员				
选品专员				
推广专员				
高级美工				
客服专员				
物流专员				
数据分析专员				

任务评价

学生完成自我小结并在表 1-3-8 中进行自评打分，教师根据学生表现进行点评并打分。最后按“自我评分 ×40%+ 教师评分 ×60%”的方法计算得分。

表 1-3-8　任务评价表

类别	评价内容	配分	自我评分	教师评分	得分
知识技能	熟悉 B2B 出口跨境电商企业主要岗位职责	15			
	熟悉 B2C 出口跨境电商企业主要岗位职责	15			
	了解跨境电商人才需要具备的综合素质	15			
	了解跨境电商人才需要具备的职业能力	15			
职业素养	工作态度细致、认真、严谨	10			
	具备一定的团队合作和沟通能力	20			
	具备一定的创新能力	10			
合计					

思考与练习

1. 请分析 B2B 出口跨境电商企业和 B2C 出口跨境电商企业的主要岗位，并比较两类电商企业在岗位设置和主要职责上的异同。
2. 根据跨境电商人才需要具备的综合素质和职业能力要求，评估自己在这些方面的能力和潜力，并制订个人发展计划，说明计划实施的具体步骤和预期成果。

项目二
跨境电商平台

作为全球商品流通的新模式，跨境电商正助力中国品牌走向世界，并已成为外贸行业的新增长引擎。2023年，我国跨境电商进出口规模约为2.38万亿元，较2022年增长15.6%。其中，出口约为1.83万亿元，增长19.6%；进口约为5 483亿元，增长3.9%。我国进出口跨境电商的蓬勃发展，得益于众多优秀电商平台的鼎力支持。这些平台不仅构成了我国进出口跨境电商的重要基础设施，更为各类企业提供了拓展国际市场的宝贵机遇。

学习目标

知识目标

1. 了解出口跨境电商平台的主要类型。
2. 了解进口跨境电商平台的主要类型。
3. 熟悉出口跨境电商的基本业务流程。
4. 熟悉进口跨境电商的基本业务流程。

技能目标

能够判断出口和进口跨境电商平台的运营模式。

● 素养目标

1. 培养职业荣誉感和责任意识。
2. 培养互联网思维和创新思维。

任务 1　出口跨境电商平台

任务情境

李华所在的 A 电商公司，因业务扩展需要，计划在线上开拓国际市场。李华面临的任务是：调研当前知名的出口跨境电商平台，为后续在第三方跨境电商平台注册店铺、开展产品销售工作做好准备。

任务分析

近年来，出口跨境电商作为中国对外贸易的重要组成部分，展现出强劲的发展势头和广阔的市场前景。在本任务中，我们将深入学习出口跨境电商平台的相关知识，全面了解当前知名的出口跨境电商平台，分析并总结这些平台的基本情况，同时在此基础上进一步熟悉出口跨境电商的基本业务流程。

相关知识

一、出口跨境电商发展现状

当前，中国出口跨境电商市场规模持续扩大，交易量和交易额均实现显著提升。这一增长得益于国内制造业的转型升级、产品质量的提升以及跨境电商平台的不断创新和优化。同时，海外消费者对高品质、高性价比中国商品的需求日益增加，为中国出口跨境电商提供了巨大的市场机遇。

在业务模式上，B2C 和 B2B 两种模式并行发展，共同推动了出口跨境电商市场的繁荣发展。B2C 模式以其直接面向消费者的特点，能够快速响应市场需求，提供个性化的购物体验；而 B2B 模式则通过批量采购和供应链管理，降低了交易成本，提高了交易效率。这两种模式相互补充，共同构成了中国出口跨境电商的多元化业务体系。

从市场分布来看，欧美等传统市场仍是中国出口跨境电商的主要目的地，但随着

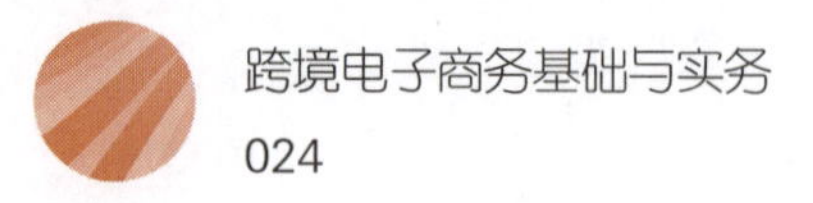

东南亚、非洲、拉美等新兴市场的崛起，中国出口跨境电商的市场布局正逐步向多元化方向发展。这些新兴市场具有巨大的消费潜力和增长空间，为中国出口跨境电商提供了新的增长点。

在出口跨境电商的商品品类方面，3C 电子产品、服装辅料、家庭园艺用品、户外装备以及健康美容类商品占据较大的出口量。这些商品不仅满足了国外消费者的日常生活需求，也充分体现了我国制造业的优势和特色。未来，随着出口跨境电商的持续发展，更多品类的商品将走出国门、走向世界。

二、出口跨境电商的基本业务流程

在跨境电商经营过程中，需要解决四个核心问题，即信息流、物流、资金流和贸易流。商家需通过合理的信息发布、高效的物流服务、安全的支付方式以及可靠的贸易平台来满足消费者的需求，进而推动跨境电商的发展。同时，商家还需密切关注相关政策和法规，确保遵守国际贸易规范，以保障交易安全和消费者权益。

1. B2C 出口跨境电商的基本业务流程

B2C 出口跨境电商的交易环节涉及多个参与主体，包括商品生产商或制造商、跨境电商企业、支付企业、物流商、海关以及用户等。其基本业务流程如图 2-1-1 所示。

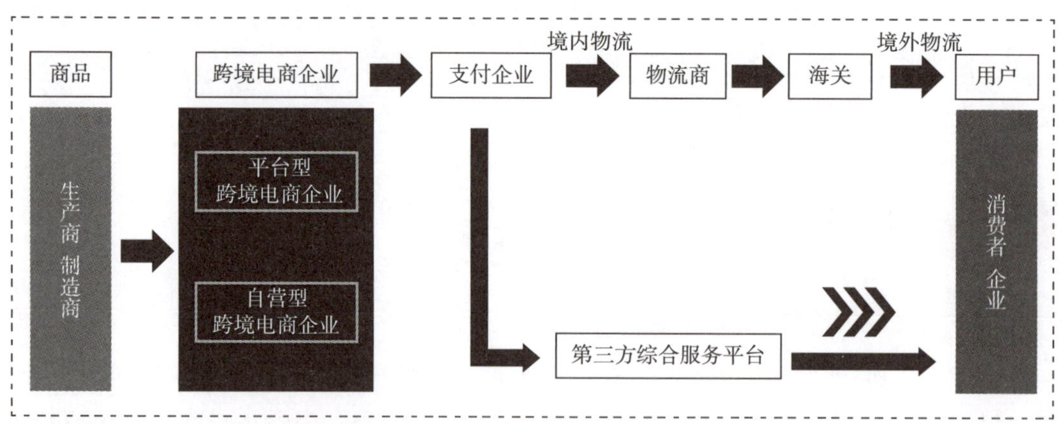

图 2-1-1 B2C 出口跨境电商的基本业务流程

生产商或制造商将生产的商品供应给跨境电商企业进行销售。用户在电商平台下单并完成支付后，跨境电商企业会将商品交由专业的物流企业进行配送。商品在出口地与进口地均需经过海关的通关商检程序，确保合规后，最终送达用户手中。此外，为了提升运营效率，部分跨境电商企业会选择与第三方综合服务平台进行合作。这些平台会代理物流、通关商检等一系列环节，从而帮助跨境电商企业更加顺畅地完成整个跨境交易流程。

2. B2B 出口跨境电商的基本业务流程

B2B 出口跨境电商，即我国境内企业通过电商的方式，直接向境外企业销售商品的商业模式。近年来，我国 B2B 出口跨境电商发展迅速，为传统外贸的转型升级提供了强大的动力。

B2B 出口跨境电商的基本业务流程可分为筹划工作、交易磋商和履行合同三个阶段（见图 2-1-2）。

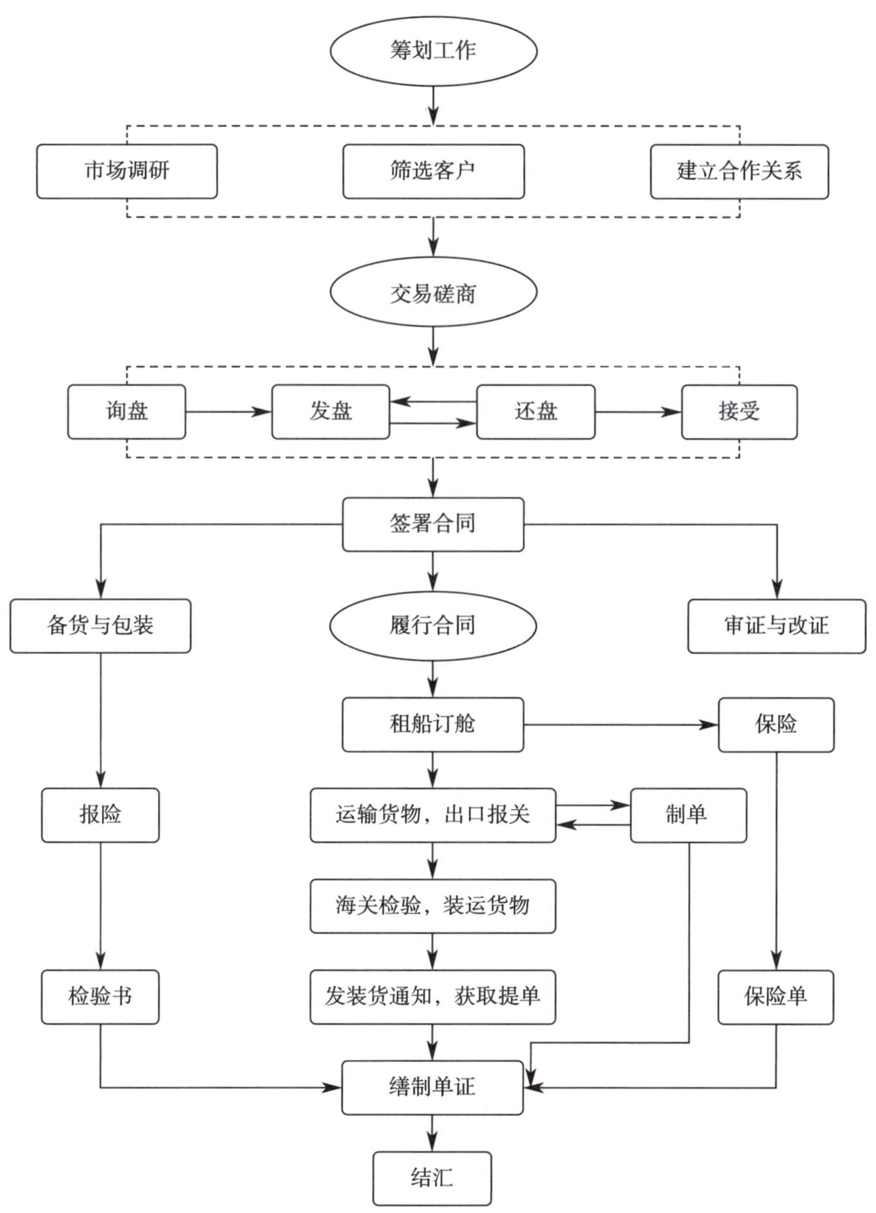

图 2-1-2 B2B 出口跨境电商的基本业务流程

（1）筹划工作阶段。此阶段主要进行交易前的准备工作。卖家需开展市场调研，对潜在客户进行甄别与筛选，进而确定目标客户。选定目标客户后，需与客户建立初步联系，为后续业务洽谈打下基础，即进入交易磋商阶段。

（2）交易磋商阶段。交易磋商是指买卖双方通过直接洽谈或函电的形式，就某项交易的各项条件进行协商，以达成交易的过程。此阶段主要包括询盘、发盘、还盘和接受等环节，是双方就交易细节进行沟通和确认的关键阶段。

（3）履行合同阶段。此阶段的工作内容涉及多个业务环节。按照工作执行的顺序，主要包括备货与包装、租船订舱、办理通关手续、制单及结汇等内容。这是确保交易顺利完成，并将商品顺利交付给境外买家的最后阶段。

三、主流出口跨境电商平台介绍

跨境电商平台众多，其中，亚马逊（Amazon）、全球速卖通（AliExpress）、eBay、Wish、阿里巴巴国际站等平台尤为知名。这些平台各具特色，为各类商家和消费者提供了便捷的购物和销售渠道。

1. 亚马逊

亚马逊作为全球电商的先驱，自 1995 年成立以来，已在全球 14 个国家和地区设立了站点，业务覆盖 180 多个国家和地区的消费者。该平台以 B2C 模式为主导，主打中高端市场，注重商品品质和售后服务。亚马逊平台具有消费群体质量高、拥有自建的仓储物流体系以及擅长大数据营销等多重优势。这些优势为卖家提供了诸多便利，有助于卖家拓展海外市场，提升销售额和利润。然而，在使用亚马逊平台时，卖家也需密切关注平台的政策和规定，确保遵守相关要求，以保障交易安全和消费者权益。不过，较高的开店门槛和相对复杂的注册流程可能会让部分卖家望而却步。亚马逊首页如图 2–1–3 所示。

2. 全球速卖通

全球速卖通是阿里巴巴集团旗下的跨境电商平台，自 2009 年成立以来，已吸引了来自 200 多个国家和地区的买家。全球速卖通主要以 B2B 和 B2C 模式运营，主打低端市场，提供丰富多样的低价商品和服务，因此被广大的中国网友亲切地称为“国际版淘宝”。该平台的一大优势在于其全中文的操作界面，使得中国卖家能够轻松上手。同时，全球速卖通允许大部分品类免费发布，具有较高的容错性，并为卖家提供全球收款服务，进一步降低了跨境交易的门槛。

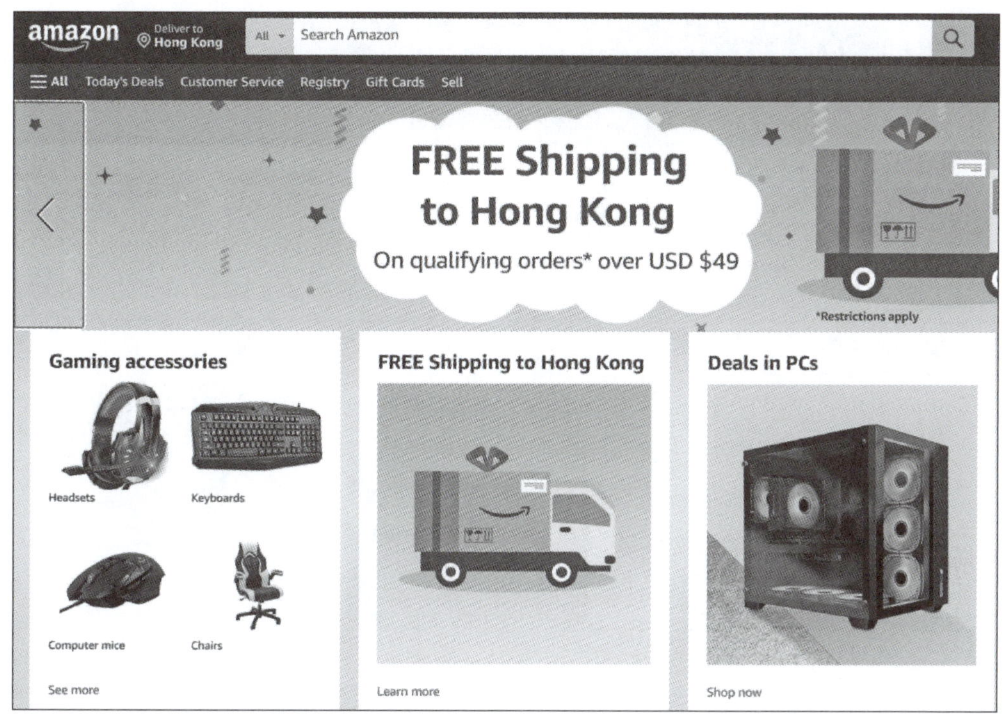

图 2-1-3　亚马逊首页

然而，随着市场竞争的加剧、宣传推广费用的增加、买家忠诚度的波动以及平台门槛的不断提升，全球速卖通的卖家也面临着一定的压力和挑战。尽管如此，从 2009 年至今，全球速卖通已经发展成为全球最大的跨境电商平台之一，平台买家的累计购买人次已超过 1 亿。目前，全球速卖通覆盖了 30 个一级行业类目。其中，服装服饰、手机通信、鞋包、珠宝手表、消费电子、电脑网络、家居等品类是全球速卖通的优势所在。全球速卖通首页如图 2-1-4 所示。

3. eBay

eBay 成立于 1995 年，是美国知名的跨境电商平台，拥有来自全球 190 个国家和地区的买家。它是一个面向全球消费者的线上购物及拍卖网站。eBay 主要以 B2C 垂直销售模式运营，以店铺为主导，允许一家店铺售卖多种不同类别的产品。其优势在于排名机制相对公平，提供专业的客服支持，并提供多样化的定价方式。然而，操作界面不够友好、规则偏向客户、付款方式单一、物流方式有限以及收费项目较多等问题，也在一定程度上限制了其发展。eBay 首页如图 2-1-5 所示。

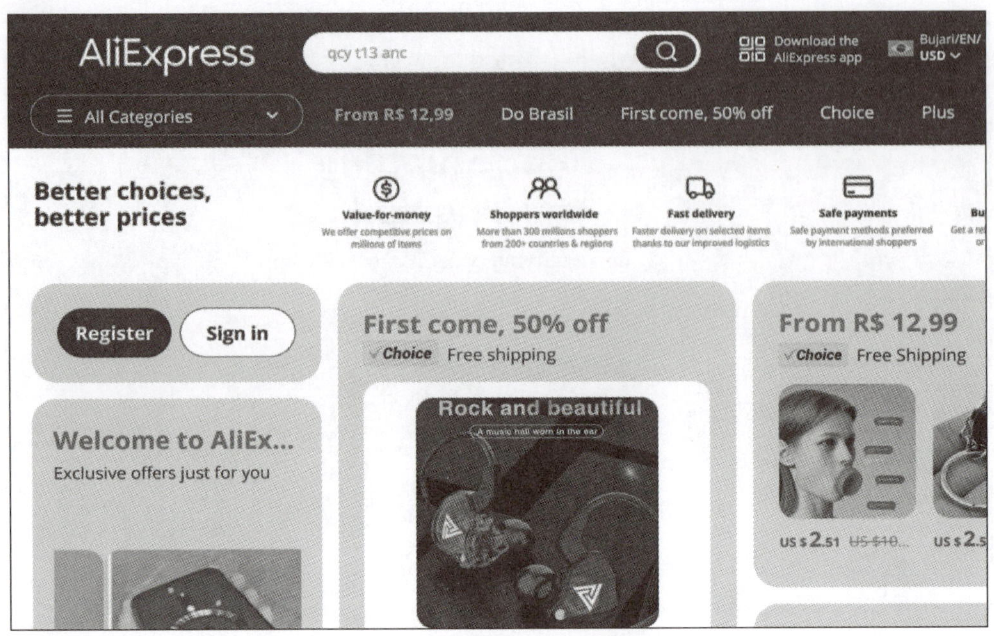

图 2-1-4 全球速卖通首页

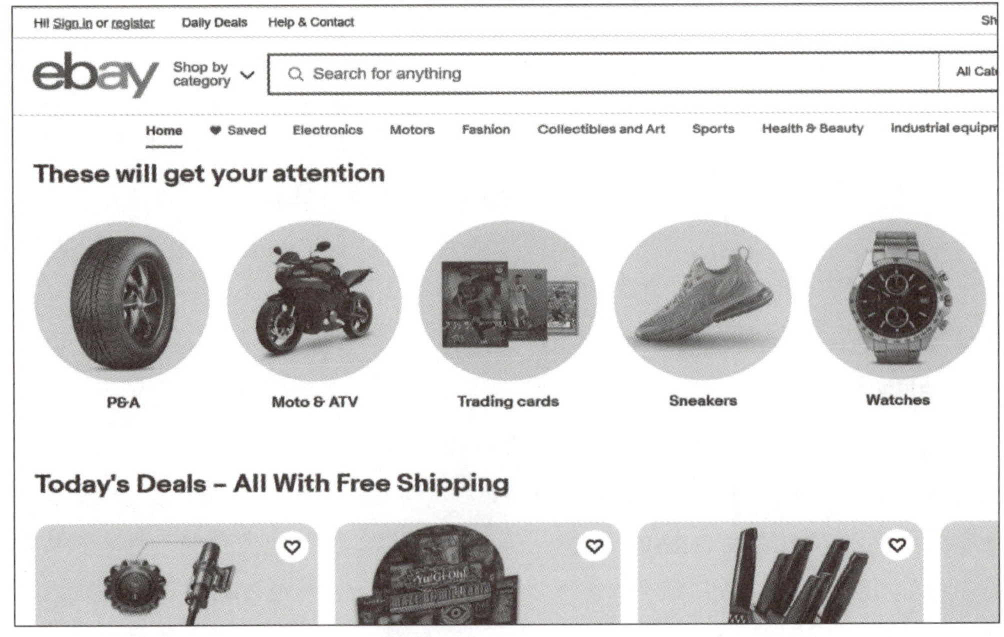

图 2-1-5 eBay 首页

4. Wish

Wish 成立于 2011 年，是目前美国最受欢迎的跨境电商平台之一，拥有超过 5 亿的注册用户。Wish 以 B2C 垂直销售模式为主，主打移动端市场，能够根据客户的兴

趣推送相关商品。其优势在于本土化支持、商品上新流程简便、竞争环境相对公平以及精准的营销策略。然而，其也存在商品审核时间较长、费用较高、物流解决方案尚不够成熟以及买卖纠纷处理规则不够明确等问题，仍需进一步改进。Wish 的主要市场集中在北美地区，客户群体相对集中。该平台适合具有一定经验的贸易商、B2C 企业和品牌经销商入驻。对于商品质量，Wish 有着较高的要求，对仿品的审查也十分严格，因此审核周期较长。卖家必须严格遵守相关规定，坚决杜绝销售侵权或假冒商品，以免被关店封号。Wish 首页如图 2–1–6 所示。

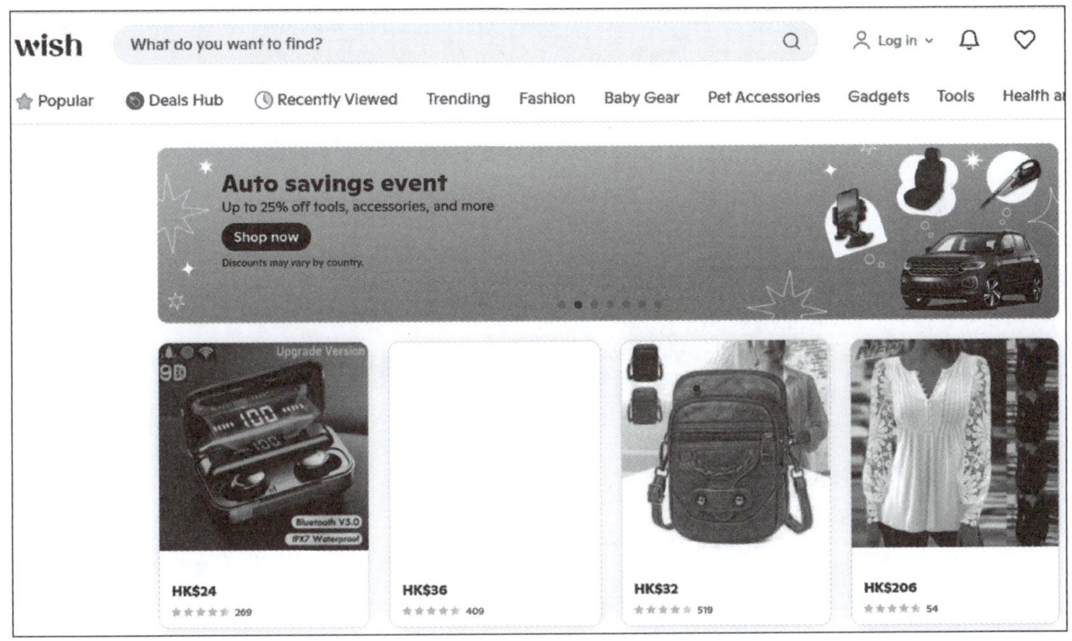

图 2–1–6 Wish 首页

5. 阿里巴巴国际站

阿里巴巴国际站是阿里巴巴集团旗下的跨境电商平台，成立于 1999 年。该平台旨在帮助中国企业拓展海外市场，目前拥有来自超过 200 个国家和地区的买家。阿里巴巴国际站主要以 B2B 模式运营，主打企业间的贸易，为买卖双方提供了信息展示、支付结算、物流服务等一系列功能。阿里巴巴国际站构建了一个全球买家和卖家的交易平台，为买家提供了海量的商品选择，同时为卖家提供了高效的推广和交易服务。阿里巴巴国际站的优势在于其平台规模大、客户群体广泛，并且提供全球收款服务。然而，该平台也同样面临着市场竞争激烈、宣传推广费用高昂以及平台门槛不断提高等挑战。阿里巴巴国际站首页如图 2–1–7 所示。

图 2-1-7 阿里巴巴国际站首页

知识链接

主流出口跨境电商平台网址

亚马逊官网 https://www.amazon.com/

eBay 英国站官网 https://www.ebay.co.uk/

Wish 商户平台 https://merchant.wish.com/

敦煌网 https://seller.dhgate.com/

兰亭集势 https://www.lightinthebox.com/

阿里巴巴国际站 https://www.alibaba.com/

来赞达官网 https://www.lazada.com.my/

虾皮官网 https://shopee.com/

中国制造网 https://www.made-in-china.com/

Wish 官网 https://www.wish.com/

四、选择跨境电商平台的策略

跨境电商平台众多，卖家在踏入跨境电商领域之前，面临的首要问题就是如何选择一个合适的平台。每个跨境电商平台都有其特点和运营规则，因此，卖家需要根据自身的需求和实际情况，选择最适合自己的跨境电商平台。一般来说，卖家在选择跨境电商平台时，需要考虑以下关键因素。

1. 自身销售模式与平台模式相匹配

首先，卖家需要明确自己的销售模式，是专注于为个体消费者提供商品，还是希望与商家建立批量交易的关系。不同的销售模式决定了应选择的跨境电商平台类型。例如，如果主要面向个体消费者，那么全球速卖通、亚马逊和 eBay 等 B2C 平台将是理想的选择，因为这些平台拥有庞大的用户基础，能帮助卖家迅速触及广泛的消费者群体。而如果更倾向于与商家合作，进行批量交易，那么阿里巴巴国际站和敦煌网等 B2B 平台则更加适合。

2. 平台的目标消费市场

明确目标市场及其消费者的购物习惯是选择跨境电商平台的另一个关键因素。例如，如果主要关注美国市场，那么亚马逊和 eBay 无疑是首选，因为它们在美国家喻户晓，具有强大的品牌影响力。而在东南亚地区，来赞达（Lazada）凭借其广泛的用户基础和优化的移动端购物体验，成为卖家的理想选择。此外，针对特定的国际市场，如俄罗斯，全球速卖通由于其在该地区的深入布局和高品牌知名度，成为卖家在该市场的有力竞争平台。

3. 平台的运营规则

每个平台都有自己的运营规则和文化，卖家需要仔细了解并遵守，以避免因违反平台规定而受到处罚。例如，阿里巴巴国际站注重商品品质控制和供应链整合，对卖家的商品质量和供应链管理有较高的要求；而亚马逊则以其严格的卖家评价系统和完善的消费者保护政策著称，对卖家的服务质量和消费者权益保护有严格的规定。

任务实训

实训目的：

掌握出口跨境电商平台的基本信息、优劣势、主要经营类目及主要消费市场，提升对跨境电商行业的认知与分析能力，为未来从事跨境电商相关工作奠定坚实的基础。

实训内容：

请结合所学知识，运用网络搜索工具，收集并整理指定出口跨境电商平台的相关信息，并完成表 2-1-1 的填写。

实训步骤：

【步骤 1】明确需要分析的出口跨境电商平台。

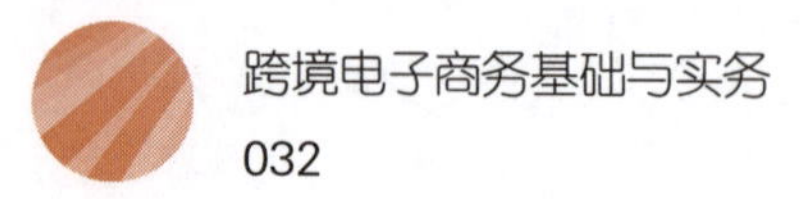

【步骤 2】直接访问平台官网，查看平台商品分类或热销榜单，了解其主要经营的商品种类。分析平台用户数据、市场报告等，确定其主要服务的消费市场区域。通过平台官网介绍、行业报告、用户评价等多渠道搜集信息，归纳总结出平台的主要优势和劣势。

【步骤 3】填写表 2-1-1。

【步骤 4】进行总结与讨论，分享各自的分析心得与见解，深化对出口跨境电商平台的理解。

表 2-1-1　出口跨境电商平台分析

平台 logo	平台名称	优势	劣势	主要经营类目	主要消费市场
ebay					
amazon					
LAZADA					
AliExpress					
wish					

任务评价

学生完成自我小结并在表 2-1-2 中进行自评打分，教师根据学生表现进行点评并打分。最后按“自我评分 ×40%+ 教师评分 ×60%”的方法计算得分。

表 2-1-2　任务评价表

类别	评价内容	配分	自我评分	教师评分	得分
知识技能	了解出口跨境电商发展现状	15			
	熟悉出口跨境电商的基本业务流程	15			
	了解主流出口跨境电商平台	15			
	掌握选择跨境电商平台的策略	15			
职业素养	工作态度细致、认真、严谨	10			
	具备一定的团队合作和沟通能力	20			
	具备一定的创新能力	10			
合计					

思考与练习

1. 描述 B2C 出口跨境电商的基本业务流程，并解释各环节中的关键参与主体及其作用。
2. 概述 B2B 出口跨境电商基本业务流程的三个阶段，并详细说明每个阶段的主要任务。

任务 2　进口跨境电商平台

任务情境

鉴于 A 电商公司在业务上的不断扩展，以及对线上国际市场开拓的战略规划，公司决定进行深入的市场调研。李华承担起了这一重任。他需要全面了解并调研当前知名的进口跨境电商平台，深入分析各平台的运营模式、市场影响力等关键信息。

任务分析

近年来，我国跨境电商进口业务蓬勃发展，各大电商平台也纷纷涉足其间。跨境电商的发展不仅为消费者带来了更多的选择机会，也为企业开辟了更广阔的市场空间。

如今，“海淘”已成为一个广为人知的词，标志着跨境电商进口业务在我国的深入发展。在本任务中，我们将一同学习进口跨境电商平台的相关知识，了解我国进口跨境电商的发展阶段和发展现状，掌握进口跨境电商的运营模式及基本业务流程。

相关知识

一、我国进口跨境电商发展阶段和发展现状

1. 我国进口跨境电商发展阶段

我国进口跨境电商起源于2005年，至今已经历了三个重要的发展阶段。每个发展阶段都有其特点，具体见表2-2-1。

表2-2-1　进口跨境电商的发展阶段及其特点

发展阶段	商品供应	物流配送方式
第一阶段（个人代购）	根据订单进行采购、无库存	代购人随身携带/国际快递、邮政小包
第二阶段（导购网站、代购平台）	种类少、库存量少	代购人随身携带/国际快递、邮政小包
第三阶段（跨境电商平台）	种类多、库存量大	国际物流/转运公司、境内保税仓

2. 我国进口跨境电商发展现状

首先，进口跨境电商的市场规模和用户规模均呈现出快速增长的态势。越来越多的海外中小品牌选择通过跨境电商进口模式，将优质的“海淘优品”引入中国市场，以满足中国消费者的多样化需求。

其次，进口跨境电商的平台竞争日益激烈。当前，我国进口跨境电商平台众多，市场竞争异常激烈。在现有的进口跨境电商市场中，网易考拉、京东全球购、天猫国际等位居第一梯队，而洋码头、唯品会、小红书等平台则位列第二梯队。各大平台不仅在价格、品牌、服务等方面展开激烈的竞争，还在技术、创新、营销等方面不断进行差异化和优化，以争夺市场份额。

最后，进口跨境电商的商品品类日益丰富和多样化。境内买家对商品品质和个性化的追求，促使各大进口跨境电商平台不断拓宽商品品类。目前，我国跨境网购用户最常购买的商品品类是食品和美妆个护产品，其次为服装鞋帽和箱包。

二、进口跨境电商的运营模式

进口跨境电商的运营模式展现出多元化和创新化的显著特点。在进口跨境电商领域，传统海淘模式属于B2C模式的一种。除了这一模式，根据业务形态的不同，零售进口类跨境电商平台的运营模式还可以细分为五类，具体包括海外代购模式、海外直发（直运）模式、自营B2C模式、导购/返利平台模式以及海外商品闪购模式（见表2-2-2）。

表2-2-2 进口跨境电商运营模式

运营模式	含义	业内代表
海外代购	消费者通过代购渠道在海外购买商品，并通过快递等方式运输回国。此模式为消费者提供更多选择，同时提升购物体验。海外代购平台通常采用C2C模式，吸引符合条件的第三方卖家入驻，为买家提供商品	淘宝全球购
海外直发（直运）	电商平台接收订单后，将订单信息发送给批发商或厂商，批发商或厂商再按订单信息以零售方式向买家发货。这是一种进口跨境的B2C模式	天猫国际、洋码头、跨境通
自营B2C	自营B2C平台是卖家自有的电商平台，直接销售自己的商品给消费者。与第三方平台相比，自营B2C平台能更好地控制商品质量和售后服务，从而提高消费者的满意度	亚马逊、蜜芽网
导购/返利平台	通过分享商品链接或提供优惠码等方式，帮助消费者购买商品并获得返利。这类平台通常与海外代购C2C模式结合，可视为“海淘B2C模式+代购C2C模式”的综合体	55海淘、极客海淘
海外商品闪购	通过限时抢购方式销售海外商品，通常价格更优惠。此模式能吸引消费者注意，并在短时间内快速销售产品。但卖家需提前做好产品备货和物流准备，以确保在时限内发货	唯品会海外直发专场、天猫国际环球闪购

三、进口跨境电商的基本业务流程

进口跨境电商通常指的是境内买家访问境外卖家的购物网站，选择心仪的商品并下单，随后由境外卖家通过国际物流渠道将商品送达境内买家手中的一种商业模式。其基本业务流程涵盖以下几个关键步骤。

（1）境外卖家在跨境电商平台上完成店铺注册，并上传所售商品的相关信息。

（2）境内买家在平台上浏览并下单购买所选商品，卖家在收到订单后开始进行发货准备。

（3）卖家将商品交付给合作的物流公司，由物流公司负责将商品运输至目的国

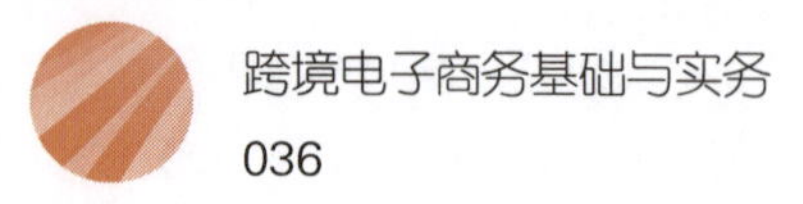

海关。

（4）买家收到商品并确认无误后，交易即告完成。

需要特别注意的是，不同的跨境电商平台以及不同国家之间的业务流程可能会存在一定的差异，卖家在开展进口跨境电商业务前，务必提前了解并严格遵守相关规定，以确保业务的顺利进行。

进口跨境电商的基本业务流程如图 2-2-1 所示。

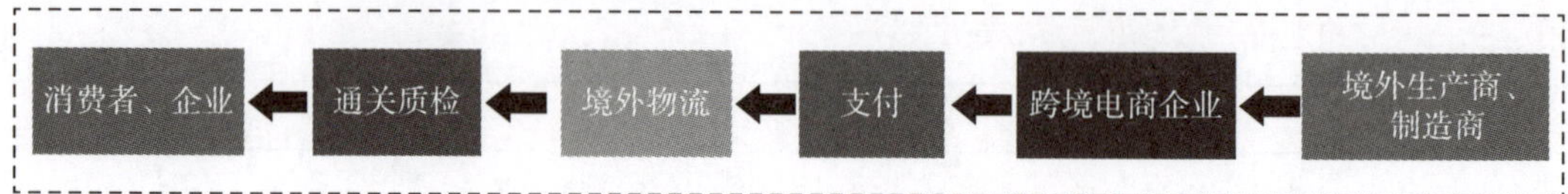

图 2-2-1　进口跨境电商的基本业务流程

四、主流进口跨境电商平台介绍

根据平台经营模式不同，进口跨境电商平台可分为两类。一是自营型。这类平台自身负责采购海外商品，并通过保税区或海外直邮的方式将商品销售给国内消费者。网易考拉是此类平台的代表，其自营模式确保了商品的品质。二是第三方型。这类平台主要提供信息展示、支付结算、物流服务等功能，为海外卖家和国内买家搭建起交易的桥梁。洋码头是此类平台的典型代表，其第三方平台模式让消费者能够更便捷地购买到海外商品。以下是几个主流进口跨境电商平台的详细介绍。

1. 网易考拉

网易考拉是网易旗下的进口跨境电商平台，自 2015 年 9 月正式上线以来，凭借 100% 正品保证、极速免税、30 天无忧退货等优质服务吸引了大量消费者。网易考拉与海外品牌、跨境物流、海关等紧密合作，不断优化供应链管理，提升通关效率，为消费者提供了一站式购物体验。此外，网易考拉还积极拓展多元化业务，如开设进口商品体验店、线下体验中心等，进一步满足消费者对品质生活的追求。

2. 京东全球购

京东全球购是京东旗下的进口跨境电商平台，自 2014 年 1 月正式上线，采用自营与平台相结合的模式经营。京东全球购充分利用京东在国内的仓储、物流、售后等优势资源，为消费者提供了海外直邮和保税进口两种购物模式，保证了商品的时效性和质量。同时，京东全球购还与多家国际知名品牌达成战略合作，引入品质保障体系，确保消费者购买到的商品均为正品。

3. 天猫国际

天猫国际是阿里巴巴集团旗下的进口跨境电商平台，自 2014 年 2 月正式上线，主要为国内消费者直供海外原装进口商品。天猫国际采用第三方平台的模式经营，通过与海外品牌、自贸区、海关等的深度合作，实现了海外直邮和保税进口两种购物模式，为消费者打造了一个安全、便捷、高品质的购物平台。同时，天猫国际还推出了“全球购”服务，提供海外购物指南、语言支持等增值服务，降低了消费者跨境购物的门槛。

4. 洋码头

洋码头是一家第三方进口跨境电商平台，成立于 2009 年，以直销、直购、直邮的“三直”模式经营。洋码头通过自建的跨境物流体系——贝海国际，实现了海外直邮，为消费者提供了丰富的海外商品购买渠道。此外，洋码头还推出了“全球优选”项目，与全球优质商家合作，精选海外商品，确保消费者能够购买到物美价廉的商品。

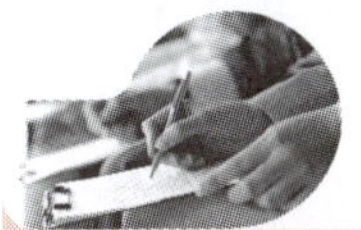

知识链接

进口跨境电商的清关模式

1. 一般贸易进口模式

一般贸易进口模式，指的是我国具备进出口经营权的企业所进行的单边进口或单边出口贸易活动。按照此贸易方式进出口的货物，其海关监管方式代码为“0110”。在进口流程中，一般贸易货物需遵循一般进出口监管制度办理海关手续，并有可能享受特定的减免税优惠。此外，这些货物也可在获得海关批准后，按照保税监管制度办理相关海关手续。

2. 直购进口模式

直购进口模式是一种特定的进口方式，它要求符合条件的电商企业与海关实现联网。按照此贸易方式进出口的货物，其海关监管方式代码为“9610”。当境内买家进行跨境网购后，电商企业、支付企业以及物流企业会分别通过跨境电商通关服务平台，将电子订单、支付凭证和电子运单（简称“三单”）等必要信息传输给海关。在“三单”信息匹配成功后，电商企业或其代理人会向海关提交申报清单，并采用“清单核放、汇总申报”的模式完成通关手续。

3. 保税进口模式

保税进口模式主要涵盖两种海关监管方式，分别是“1210”和“1239”。其中，“1210”监管方式又被称为“保税备货模式”。在此模式下，进口跨境电商企业可以将尚未销售的商品批量运送至保税仓库内进行存储。随后，企业会在网上进行销售，商品销售一件即清关一件。值得注意的是，未销售的商品不能离开保税仓库，也无须进行报关操作。而“1239”监管方式则被称为“保税跨境贸易电商A”，简称“保税电商A”。与“1210”监管方式不同的是，适用于“1239”监管方式的进口商品在清关时需要向海关提供通关单，且申报清单中的商品不再免于检验检疫。

4. 个人物品形式清关模式

个人物品形式清关是指买家在购买境外商品后，由跨境电商企业在境外完成商品的打包工作，并直接通过国际物流将商品发送至境内。当商品通过海关时，会以个人物品的形式进行清关操作。清关完成后，商品会通过境内的快递服务配送至买家手中。需要注意的是，个人物品形式清关模式又可以进一步细分为邮政清关和快件清关两种形式。

任务实训

实训目的：

掌握进口跨境电商平台的交易模式、主要经营类目及平台特点，提升对跨境电商行业的认知与分析能力，为未来从事跨境电商相关工作奠定坚实的基础。

实训内容：

请结合所学知识，运用网络搜索工具，收集并整理指定进口跨境电商平台的相关信息，并完成表 2-2-3 的填写。

实训步骤：

【步骤 1】明确需要分析的进口跨境电商平台。

【步骤 2】利用搜索引擎、各平台官网、专业报告等渠道，收集归纳各平台的基本信息、交易模式、主要经营类目及平台特点。

【步骤 3】填写表 2-2-3。

【步骤 4】进行总结与讨论，分享各自的分析心得与见解，深化对进口跨境电商平台的理解。

表 2-2-3　进口跨境电商平台分析

平台 logo	平台名称	网址	平台交易模式	主要经营类目	平台特点
考拉海购					
洋码头					
mia.com					
全球购 G.TAOBAO.COM					

任务评价

学生完成自我小结并在表 2-2-4 中进行自评打分，教师根据学生表现进行点评并打分。最后按“自我评分 ×40%+ 教师评分 ×60%”的方法计算得分。

表 2-2-4　任务评价表

类别	评价内容	配分	自我评分	教师评分	得分
知识技能	了解进口跨境电商发展现状	15			
	了解进口跨境电商的运营模式	15			
	熟悉进口跨境电商的基本业务流程	15			
	了解主流进口跨境电商平台	15			
职业素养	工作态度细致、认真、严谨	10			
	具备一定的团队合作和沟通能力	20			
	具备一定的创新能力	10			
合计					

思考与练习

1. 简述我国进口跨境电商经历的三个重要的发展阶段及其特点。
2. 列举当前进口跨境电商中最受欢迎的商品品类。
3. 描述进口跨境电商的五种主要运营模式，并举例说明每种模式下的代表平台。

项目三
跨境电商店铺开设

项目概述

海外市场的发展前景广阔，对于跨境电商卖家来说是一个巨大的机遇。开设跨境电商店铺需要做好几个方面的工作。首先，通过对海外市场的深入调研，分析不同国家消费者的需求与偏好，结合当地的文化差异和政策要求，精心挑选适合目标市场的商品，以满足消费者的差异化和个性化需求，规避潜在的市场风险。其次，进行跨境电商店铺的注册工作，确保店铺合法合规运营，为商品的销售搭建稳固的平台基础。最后，优化商品信息的设置与发布，包括撰写吸引人的商品描述、上传高品质的商品图片、设定合理的商品价格等，以提升商品的线上表现力和市场竞争力，最终实现提高商品转化率和销售额的目标。

学习目标

知识目标

1. 掌握海外市场调研的内容和方法。
2. 掌握跨境电商选品的基本思路和方法。
3. 熟悉全球速卖通入驻准备与注册流程。
4. 熟悉亚马逊入驻准备与注册流程。
5. 掌握商品信息设置与发布的内容和标准。

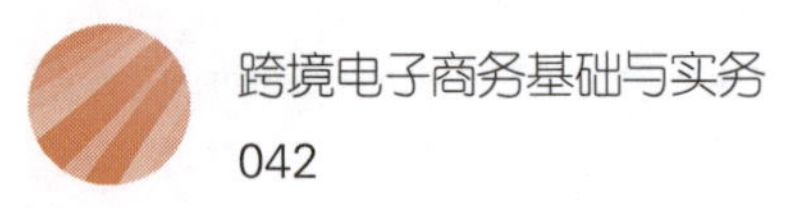

- **技能目标**

1. 能够完成全球速卖通店铺的注册。
2. 能够完成亚马逊店铺的注册。
3. 能够完成商品信息设置与发布。

- **素养目标**

1. 培养成本意识、统筹规划意识和审美意识。
2. 培养互联网思维和创新思维。
3. 培养精益求精的工匠精神。

任务 1　海外市场调研与选品

任务情境

李华所在的运营团队计划在全球速卖通平台开设店铺并上传产品进行销售。此时，经理提醒他们，跨境电商的全球零售对象主要是个人消费者，因此首要任务是进行海外市场调研和选品，为产品的上传和销售做好充分的准备。那么，该如何有效地进行海外市场调研与选品呢?

任务分析

跨境电商卖家要想顺利进军国际市场并取得成功，一方面需要做好海外市场调研，全面、深入地了解目标市场的信息，准确把握目标市场用户的需求；另一方面，要熟悉供应市场，从众多的供应市场中筛选出最符合目标市场用户需求的产品，这一过程即称为选品。在本任务中，我们将一同学习海外市场调研方法、主要海外市场的消费特点以及跨境电商选品策略。

相关知识

一、海外市场调研

海外市场调研也称国际市场调研，是指企业运用科学的调研方法与手段，系统地收集、记录、整理、分析与国际市场相关的各类信息，以把握目标市场的变化规律，

为企业制定有效的市场营销决策提供可靠的依据。

1. 海外市场调研的内容

海外市场调研的内容相当广泛。从跨境电商的角度来看，海外市场调研主要包括海外市场环境调研、海外市场商品调研、海外市场营销情况调研以及海外市场买家调研（见表 3–1–1）。

表 3–1–1　海外市场调研的主要内容

项目		主要内容
海外市场环境调研	经济环境	一个国家（或地区）的经济结构、经济发展水平、经济发展前景，以及人们的就业情况、收入水平等
	政治和法律环境	一个国家（或地区）的政治制度、经济政策、对开展对外贸易的态度，以及与外贸相关的法律法规，如关税、外汇限制、商品进出口卫生检疫、商品进出口安全管理等
	文化环境	一个国家（或地区）所使用的语言、风俗习惯、价值观念、生活方式等
	社会环境	一个国家（或地区）的人口数量、人口分布情况、交通情况等
	电商市场规模	一个国家（或地区）的互联网普及率、互联网用户数量、网购人群规模、网购人群年龄结构、网购商品结构、电商交易金额、电商市场增长率等
	市场竞争对手情况	市场竞争对手的交易金额、商品结构、商品质量、价格水平，以及市场竞争对手所采取的营销推广手段、商品研发能力、市场占有率等
海外市场商品调研	商品供给情况	一个国家（或地区）某个品类或某款商品的市场规模、供应渠道、主要生产商的名称和生产能力、主要分销商的销售规模等
	商品需求情况	一个国家（或地区）对商品类型、质量、数量和价格的需求
	商品价格情况	国际市场上某个品类或某款商品的价格水平，以及影响该品类商品或该款商品价格的因素
海外市场营销情况调研	商品分销渠道	商品分销渠道的类型，经销商和零售商的规模、经营能力、服务水平、资信情况等
	推广宣传	国际市场上可以利用的广告媒体、广告收费标准、广告表现形式等
海外市场买家调研	买家需求	买家的需求结构、需求变化等
	买家消费能力	买家的经济水平、消费水平、对商品价格的要求等
	买家资信情况	买家的资金实力、信誉情况、经营能力等
	买家偏好	一个国家（或地区）的买家常用的电商网站、搜索引擎，以及买家的支付习惯、网购时间等

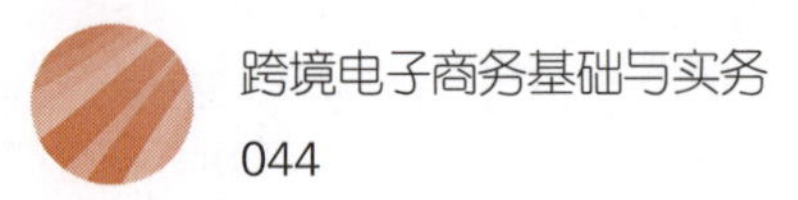

2. 海外市场调研的方法

（1）实地调研。实地调研是指调研人员亲自深入海外市场，通过观察、实验和询问等方式，收集第一手资料的过程。实地调研所得的数据具有时效性、可靠性和针对性等特点，能够为海外市场决策提供有力的支持。

1）观察法。观察法是调研人员在现场通过肉眼或借助专业设备观察被调研者的行为，从而获取原始资料的调研方法。例如，在商品展览会或订货会上，调研人员可以观察商品的销售情况、不同款式商品的订购情况等，以此来了解市场需求和消费者偏好。

2）实验法。实验法是指选取合适的目标群体，将其分为测试组和对照组，对测试组进行特定处理，然后观察并比较两组之间的差异，从而获取相关信息的方法。在海外市场调研中，实验法具有很强的实用性。例如，卖家可以采用实验法来研究店铺装修、商品价格、商品陈列和广告推广等因素对买家购买行为的具体影响。

3）询问法。询问法是调研人员通过向被调研者提问的方式收集原始资料的方法。询问法主要包括当面访谈、问卷调查和电话访谈等形式。

实地调研的成本相对较高，所花费的时间较长，且被调研者的参与度也可能不稳定。

企业可以通过两种途径开展实地调研：一种是企业自行组织调研团队进行调研，另一种是企业委托专业的调研机构进行调研。

（2）案头调研。案头调研是指通过收集和分析已有的二手资料，深入研究国际市场的过程。这一过程有助于企业全面掌握市场现状、了解竞争对手及行业趋势，为国际市场战略的制定提供坚实的数据支持。二手资料亦称间接资料，是指由他人收集、记录、整理过的，或已经公开发表的资料。

二手资料主要分为内部资料和外部资料两大类。内部资料涵盖卖家营销系统中的各类统计数据，如历史成交金额、各款商品销量、推广活动效果及主要竞争对手的销售数据等。外部资料则主要指各个国家（或地区）政府或相关机构公开的数据和信息，以及专业调研机构、市场调研工具提供的相关数据统计与分析资料。

二手资料的来源与收集途径多种多样，包括企业内部资料；大学、科研机构关于境外市场的分析报告；境外组织与商会提供的贸易统计资料、税收政策、海关规定、进出口商资料等；国际组织发布的市场调研参考资料，以及数据分析工具，如 Google Trends、KeywordSpy（关键词挖掘与追踪工具）、Alexa（网站流量分析工具）等。

二、主要海外市场的消费特点

不同消费市场的买家展现出独特的消费特点，了解这些特点对于卖家制定有效的

营销策略、为买家创造高品质的购物体验以及提升自身竞争力至关重要。以下是对几个国际主流市场买家消费特点的介绍。

1. 俄罗斯

俄罗斯季节温差较大，因此商品营销呈现出明显的季节性特征。冬季寒冷漫长，使得保暖商品如围巾、手套、帽子成为必备品，尤其受到女性的青睐。俄罗斯女性注重美容，因此美容类商品在俄罗斯市场上销量很好。俄罗斯女性还时常关注流行服饰，偏爱那些当季热门、新颖且富有创意的商品。俄罗斯男性普遍体格高大，他们对加大码的衣服有着特殊的偏好。俄罗斯是一个热爱运动的国家，人们经常购买运动鞋、运动衣和运动配件等商品。同时，俄罗斯人有去海滩度假的习惯，因此泳装、沙滩鞋等海滩用品也受到他们的青睐。此外，俄罗斯人热衷于在各种节日，如新年、情人节等赠送礼物。在支付方式上，俄罗斯人最喜欢使用的是 WebMoney（一种在线电商支付系统）和 Qiwi（一个类似于支付宝的支付工具）。

2. 英国

在英国，时尚和体育用品是比较畅销的商品品类，其次是家居和旅游用品等。英国消费者对商品价格较为挑剔，同时对商品的外观和品质要求也极高。他们对交货期限的要求较为严格，如果商品延迟交货，而卖家没有及时与买家进行沟通调解，买家很可能会取消订单。此外，英国人非常讲究礼仪，卖家在与他们打交道时，要注重礼貌沟通，否则可能会影响交易的成功率。物美价廉的商品，特别是生活用品，很受英国人青睐。另外，家居类商品在英国的需求量也比较大，并且成为我国出口英国返单率较高的商品品类。在英国市场中，几乎 40% 的在线交易使用信用卡支付，30% 以上的在线交易使用借记卡支付。此外，PayPal 也是深受英国人欢迎的在线支付工具。

3. 巴西

巴西消费者平时购买较多的商品包括服装配饰、手机、化妆品、家具、运动用品和电器等。对于服装，巴西人追求时尚潮流，尤其喜爱色彩鲜艳、具有视觉冲击力的款式，偏爱休闲大方的欧美风格服装。此外，巴西消费者还非常注重商品的耐用性和售后服务的质量。巴西人重视传统节日，节日期间，各种商品的促销活动往往能吸引大量消费者。因此，卖家可以巧妙利用节日寓意，策划具有特色的营销活动。巴西人喜欢使用 YouTube 等社交媒体平台与人交流，并乐于在这些平台上分享商品信息。因此，卖家可以积极利用这些社交媒体平台开展商品推广和营销活动。一般来说，巴西消费者更倾向于选择包邮的商品，并且希望商品附带详细的说明书。在支付方式上，巴西人偏爱使用信用卡，并且喜欢选择分期付款的方式。

4. 意大利

在意大利，网购人群的年龄主要集中在 18～44 岁，他们每天购物最活跃的时段为 21：00 至 23：00。在意大利人购买的商品中，实物商品占比略高于虚拟商品或服务（主要是付费音像资源、旅游服务等）。从市场热度来看，骑行类商品具有巨大的市场潜力，相关商品的搜索量和销量都很高。在自行车品类中，重点商品包括自行车零配件、骑行服等。其中，自行车零配件如车架、车轮、车把等尤为畅销。此外，3D 打印机在意大利也备受青睐，市场前景广阔。近几年来，意大利人的消费习惯发生了较大的转变，科技商品的消费量增多，通信支出比例增长，而汽车、服装和食物的平均花费则有所减少。在网购时，意大利消费者喜欢使用信用卡进行支付。

5. 美国

美国人比较注重效率，他们希望下单后能尽快收到商品，因此卖家在设置运费模板时，最好选择高效的物流方式。如果无法做到这一点，应在商品描述栏中进行明确的解释说明，这样做会给买家留下良好的印象。美国人非常重视商品的质量，在美国市场中，高、中、低档商品的差价较大。如果某件商品存在缺陷，通常会被放置在商店的角落，以特价销售。此外，美国人喜欢在传统节日、退税季节和换季促销时购物。例如，7 月至 9 月是美国初秋升学季，很多美国人会大量购买学生日常用品；11 月至 12 月的一系列节日期间恰逢退税季节，美国人会抓住这一时机购买一些生活用品和节日礼物。因此，卖家应充分利用节日和季节转换的时机进行推广与营销。信用卡是美国人网购时较常用的支付方式之一。

三、跨境电商选品分析

选品是跨境电商运营的关键环节，正如俗话所说“三分靠运营，七分靠选品”。对于那些自身没有生产工厂的跨境电商卖家而言，他们需要从各个市场中精心挑选商品进行跨境销售，或是根据目标市场的具体需求，寻找合适的供应商组织生产并进行销售。此外，他们还需要通过市场需求分析与预测，开发新产品，组织企业生产并进行销售。

1. 跨境电商选品的基本思路

（1）广泛涉猎。在选品的初始阶段，应保持开放的心态，广泛接触和了解各类商品，不设限、不预设，这样才能从众多的可能性中寻找到最适合自己的商品。

（2）专业聚焦。一旦确定了大致的商品类别后，就需要深化对这一领域知识的掌握，努力成为该领域的专家。对商品的深入理解将有助于在激烈的市场竞争中脱颖而出。

（3）精选打磨。通常，20% 的商品能带来 80% 的利润，卖家就是要找出这 20% 的商品。应缩小范围，精心挑选出最有潜力的商品。

（4）数据驱动。选品仅凭直觉和经验是不够的，需要借助数据来辅助决策。大数据能提供更客观、更全面的信息，帮助发现那些可能被忽视的细节和潜在的市场机会。

（5）持续坚守。选品并非一劳永逸，而是一个持续不断的过程。今天的选品成功并不意味着明天这款商品依然热销，需要持续优化选品策略，不断调整商品结构。

（6）耐心重复。要有足够的耐心和毅力去重复这个过程。每一次重复都可能带来新的启示和发现，只有坚持到底，不断尝试和调整，才能找到真正适合店铺销售的商品。

2. 跨境电商选品的工具

在进行跨境电商选品时，企业需要充分调查市场容量、需求趋势、市场潜力以及竞争优势等相关数据和信息。通过使用数据分析工具，企业可以对各种指标进行定性和定量分析，为选品提供科学依据，这样不仅可以帮助企业找到适销的商品，还能提高后期的商品分析和销售效率。

（1）站内工具。全球速卖通平台提供的站内数据分析工具主要是“生意参谋”。在“生意参谋”中，包含了“市场大盘”“国家分析”“搜索分析”“选词专家”和“选品专家”等几大功能模块。通过对选取平台的全部数据进行分析，用户可以将其作为行业选择、选品以及店铺运营的参考依据。

（2）站外工具，即第三方工具，也是跨境电商选品中常用的一类工具。常见的站外工具有 Google Trends、Jungle Scout、AMZScout、Terapeak、CamelCamelCamel、Sorftime 以及米库等。登录 AMZ123 网站，用户可以查看并使用各种选品分析工具（见图 3–1–1）。

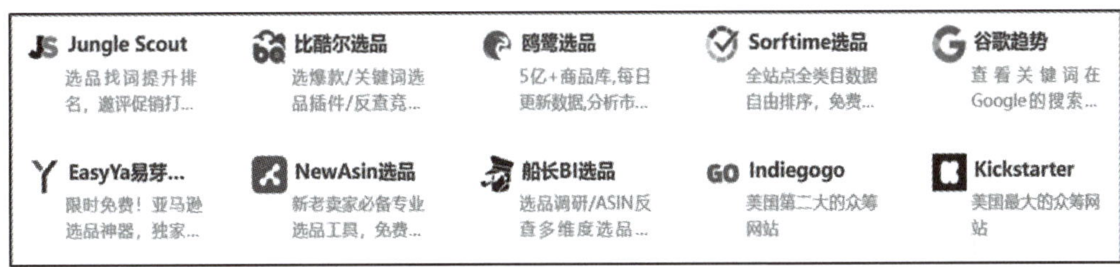

图 3–1–1　AMZ123 网站上的选品分析工具

3. 跨境电商选品的方法

选品是一个需要不断尝试和改进的过程，卖家可以尝试不同的方法，从而找到最适合自己的方式。

（1）参加行业展会。参加行业展会可以帮助卖家了解各个行业的最新发展趋势和市场动向，从而更好地把握市场需求，不断推出热销商品。卖家可以根据自身需求选择参展。

（2）考察现有供应商。与合作过的供应商保持密切联系，可以帮助卖家及时获得有价值的市场信息，从而更好地开发新品和把握市场需求。但需要注意的是，卖家需要掌握一定的行业知识，以便更好地与供应商沟通和了解市场情况。

（3）收集和分析买家评价数据。这里的评价数据包括好评数据和差评数据。具体来说，卖家需要收集各个跨境电商平台上热卖商品的好评和差评数据，并对这些数据进行深入分析，找出商品的不足之处。通过这种方法，可以帮助卖家开发出更符合市场需求的新品，或对现有商品进行改良。

（4）了解第三方研究机构或平台发布的市场调研报告。第三方研究机构或平台拥有独立的市场研究团队和全球化的研究视角和资源，因此其发布的研究报告具有较高的参考价值。卖家可以通过阅读这些报告来了解行业发展趋势和市场动向，从而更好地把握市场需求，推出热销商品。例如，敦煌网的“行业动态”模块就发布了各类行业报告，可以为卖家提供比较系统的行业信息。

（5）充分分析目标市场的节假日和消费习惯。卖家在开发新品时，可以根据各个国家（或地区）的季节变化开发应季商品，同时深入了解目标市场的气候和人们的消费习惯，从而更好地开发符合市场需求的商品。除此之外，节假日是消费者采购商品的高峰期，卖家可以根据各个国家（或地区）的节假日消费热点，开发并上架符合节假日氛围的商品。

任务实训

实训目的：

掌握海外市场调研和选品分析的基本方法和技能。

实训内容：

假设你是某跨境电商企业的选品专员，准备在全球速卖通平台上架 20 款女装商品，请开展相关市场调研，并制定选品策略。

实训步骤：

【步骤 1】调研全球速卖通平台主要消费市场情况，填写表 3-1-2。

表 3-1-2　全球速卖通平台主要消费市场情况

国家	消费者偏好	网购习惯		
		搜索习惯	支付习惯	使用的主要网购平台
美国				
俄罗斯				
巴西				

【步骤 2】运用选品工具开展选品分析，填写表 3-1-3。

表 3-1-3　运用选品工具开展选品分析

序号	选品工具	类型（站内 / 站外）	主要功能
1	全球速卖通生意参谋		
2	Jungle Scout		
3	Google Trends		

【步骤 3】制定合适的跨境电商选品策略，明确选品思路和具体做法，填写表 3-1-4。

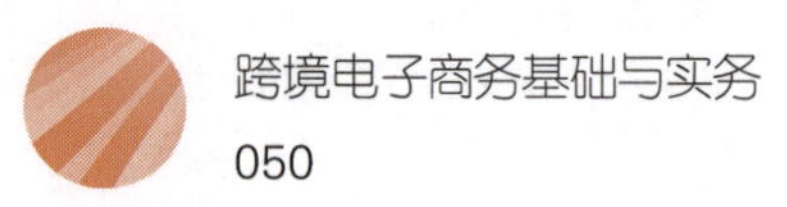

表 3-1-4　跨境电商选品策略

选品思路	选品具体做法
1.	1.
2.	2.
3.	3.
4.	4.

任务评价

学生完成自我小结并在表 3-1-5 中进行自评打分，教师根据学生表现进行点评并打分。最后按“自我评分 ×40%+ 教师评分 ×60%”的方法计算得分。

表 3-1-5　任务评价表

类别	评价内容	配分	自我评分	教师评分	得分
知识技能	掌握海外市场调研的内容和方法	20			
	了解主要海外市场的消费特点	20			
	掌握跨境电商选品的基本思路和方法	20			
职业素养	工作态度细致、认真、严谨	10			
	具备一定的团队合作和沟通能力	20			
	具备一定的创新能力	10			
合计					

思考与练习

1. 假设一家专注于女性服饰的跨境电商企业准备进入巴西市场。请为其制订一份详细的市场调研计划，包括调研目的、调研内容、调研方法以及预期成果等。
2. 结合跨境电商选品的基本思路，为一家准备在全球速卖通平台上销售家居用品的初创企业制定一套选品策略，包括目标市场定位、选品方向、选品工具的选择等。

任务 2　跨境电商店铺注册

任务情境

李华所在的运营团队计划在全球速卖通与亚马逊这两大第三方跨境电商平台上设立店铺。在经理的悉心指导下，团队积极筹备，旨在顺利完成跨境电商平台的店铺注册。

任务分析

在第三方跨境电商平台上开设店铺，首要任务是全面准备开店所需的一切资料。同时，深入了解该平台关于招商准入条件、商品发布与展示规则、发货流程以及交易管理的具体规定与说明。在本任务中，我们将重点学习全球速卖通和亚马逊的入驻准备与注册流程。

相关知识

一、全球速卖通入驻准备与注册流程

1. 全球速卖通店铺类型

作为阿里巴巴集团旗下的跨境电商平台，全球速卖通以其卖家后台操作的便捷性

和用户友好性著称，为新入行的卖家提供了极大的操作便利。依托阿里巴巴强大的社区支持和专业的客户培训体系，新手卖家能够迅速获取所需知识，加速成长。全球速卖通除了特别适合跨境电商领域的新手卖家，还特别适合那些所销售商品贴合新兴市场需求、拥有供应链优势及价格竞争力的卖家。利用平台资源，卖家不仅能够有效提升销售业绩，还能逐步建立起良好的市场声誉。

就店铺类型而言，全球速卖通目前精心设计了官方店、专卖店及专营店三种模式，每种模式均独具特色，以满足不同卖家的经营需求（见表 3–2–1）。

表 3–2–1　全球速卖通店铺类型及其相关要求

店铺类型	官方店	专卖店	专营店
介绍	卖家以自有品牌或经权利人独占性授权商品在全球速卖通开设的店铺	卖家以自有品牌，或者持他人品牌授权文件商品在全球速卖通开设的店铺	经营1个及以上他人或自有品牌商品的店铺
开店企业资质	需要完成企业认证，卖家需提供如下资料： （1）企业营业执照副本复印件 （2）银行开户许可证复印件 （3）法定代表人身份证正反面复印件	同官方店	同官方店
单一店铺可申请品牌数量	仅 1 个	仅 1 个	可多个
平台允许的店铺数	同一品牌（商标）仅 1 个	同一品牌（商标）可多个	同一品牌（商标）可多个
店铺名称	品牌名 +official store（默认店铺名称）或品牌名 + 自定义内容 + official store	品牌名 + 自定义内容 + store	自定义内容 +store
二级域名	品牌名（默认二级域名） 或品牌名 + 自定义内容	品牌名 + 自定义内容	自定义内容

2. 全球速卖通入驻要求

自 2015 年 12 月起，全球速卖通平台明确了新的入驻标准，规定自 2016 年 4 月开始，所有入驻商家必须以企业身份注册，不再接受个体商户的直接入驻。此外，自 2017 年下半年起，所有以企业身份入驻的商家，在入驻时必须具备自有品牌或获得品牌授权。

（1）企业身份认证。卖家需提供有效的企业营业执照、对公银行账户信息及企业

支付宝账户。尚未拥有企业支付宝账户的，卖家需通过支付宝官方渠道按照既定流程进行申请，并利用企业法人的支付宝账户及企业营业执照完成认证流程。

（2）商品品牌要求。入驻商家需拥有或代理至少一个品牌，根据品牌的资质与授权情况，商家可选择开设官方店、专卖店或专营店，以满足不同市场需求及品牌定位。

（3）技术服务年费标准。在全球速卖通平台上，每个店铺账号需选定一个主营业务范围，但在此范围内可灵活经营一个或多个商品大类。根据所选经营商品大类，卖家需缴纳不同金额的技术服务年费。对于提供优质服务并持续扩大经营规模的优质店铺，将有机会得到全球速卖通平台提供的年费返还奖励。具体年费标准及返还政策，可登录全球速卖通商家门户，在“招商规则”模块中查阅最新信息（见图 3-2-1）。

3. 全球速卖通入驻流程

在全球速卖通开设店铺的基本流程如下。

第一步：开通全球速卖通卖家账号。卖家需使用企业身份进行注册，确保所提供的所有信息真实有效。

第二步：提交入驻资料与信息。卖家需准备并提交符合平台要求的营业执照、商标注册证书（如适用）、产品清单及类目经营资质等相关资料，提交后等待平台审核通过。

图 3-2-1　全球速卖通平台招商规则入口

第三步：缴纳类目保证金。审核通过后，卖家需根据所选择的经营类目，按照平台规定缴纳相应的类目保证金，以确保交易的真实性和可靠性。

第四步：设置店铺信息。缴纳保证金后，卖家可登录卖家后台，在“店铺”—

“店铺资产管理”模块中设置店铺名称和二级域名（具体操作可参考《速卖通店铺二级域名申请及使用规范》）。若申请的是官方店，还需额外设置“品牌官方直达”链接及编写“品牌故事”，以增强品牌展示效果。

第五步：入驻成功与后续操作。入驻成功后，卖家即可开始在店铺中发布商品、进行店铺装修等，以吸引买家关注并促进交易达成。

知识链接

全球速卖通收费模式

全球速卖通的收费模式主要包括技术服务年费、类目保证金以及交易佣金等。具体收费标准及政策可能随平台发展而有所调整，卖家应及时关注平台公告，确保了解并遵守最新的收费规定。同时，优质店铺有机会享受平台提供的年费返还等激励政策，以促进卖家更好地发展业务。

二、亚马逊入驻准备与注册流程

亚马逊是全球商品种类丰富、影响力广泛的网络零售巨头和互联网企业，同时也是业界领先的 B2C 电商平台之一。它致力于为卖家提供全面的服务，包括物流、营销推广以及专业商业顾问的支持。亚马逊平台拥有一支专业的顾问团队，为入驻商家提供首次上线的技术支持和详细的咨询服务，并定期举办网络培训活动，以帮助商家实现稳健成长和持续发展。

1. 亚马逊卖家账户类型

在亚马逊平台上，卖家账户划分为三大类别：亚马逊供应商平台（Amazon Vendor Central，VC）账户、亚马逊卖家平台（Amazon Seller Central，SC）账户，以及作为 SC 账户进阶版本的亚马逊商业卖家（Amazon Business Seller，ABS）账户。每种账户类型均针对不同的商业需求和业务模式设计，以满足卖家的多样化需求。

（1）亚马逊供应商平台账户。亚马逊供应商平台账户，专为拥有自主品牌的制造商与分销商量身打造，其入驻资格需通过亚马逊的主动邀请方可获得。在此平台上，卖家化身为供应商角色，与亚马逊建立紧密的合作关系，由亚马逊作为经销商角色，全权负责商品的采购、库存管理、定价策略制定、物流配送、退货处理及客户服务等一系列环节。

另外，亚马逊供应商平台账户为卖家提供了丰富的促销工具，显著提升商品曝光度，并全面协助卖家管理物流事务。商品一旦加入该平台，将自动获得亚马逊金牌服务的加持，并在销售页面上以“Sold by Amazon”标识呈现，彰显品质与信赖。目前，亚马逊自营商品的主要来源正是这一供应商平台账户体系。

亚马逊供应商平台账户的特点见表 3-2-2。

表 3-2-2　亚马逊供应商平台账户的特点

项目	具体表现
入驻方式	亚马逊供应商平台账户采用邀请入驻模式，相对封闭。未获得亚马逊邀请的卖家无法直接申请入驻。该账户在商品上传数量上无限制，并全面支持“A+”页面定制，为品牌展示提供更多可能
商品定价	商品页面由亚马逊专业团队打造，并利用自动化系统为商品设定价格。由于卖家并非直接面向终端客户销售，而是通过亚马逊这一中间平台，因此商品价格可能低于卖家自行设定的预期，进而影响利润空间
推广工具	亚马逊营销服务（Amazon Marketing Services，AMS）为卖家提供了强大的推广支持，包括赞助商品广告、标题搜索广告、商品展示广告等多种功能，助力卖家精准触达目标顾客。此外，在亚马逊供应商平台上，卖家还能享受到季节性礼品指南、限时交易推荐、A+ 页面优化及品牌商店建设等便捷服务，进一步提升品牌曝光度和市场影响力
物流系统	亚马逊承担库存管理与订单处理的重任，简化了物流流程。第三方销售平台会定期提供批量订单，这些订单随后被集中送往亚马逊的分销中心进行处理。这一流程极大地减轻了卖家的运营负担，使卖家无须逐一处理单个客户订单，从而有更多精力专注于产品开发和市场策略规划
客服支持	使用亚马逊供应商平台账户的卖家无须担心客户服务问题。亚马逊将全权负责所有客户服务工作，包括解答顾客咨询、处理退换货请求以及应对欺诈行为等。这一安排不仅提升了顾客满意度，也确保了卖家能够专注于核心业务，无须分心于烦琐的客服事务

（2）亚马逊卖家平台账户。亚马逊卖家平台账户专为零售商设计，允许第三方卖家在亚马逊平台上直接销售商品，亚马逊则作为中立的第三方电商平台为交易提供支持，这一模式本质上属于 B2C 电商范畴。针对中国卖家，入驻亚马逊卖家平台主要有两条途径：自注册与全球开店计划。

成功注册亚马逊卖家平台账户后，卖家不仅享有自主设定及灵活调整商品价格的权利，还能利用亚马逊提供的赞助商品广告服务精准推广商品。在库存管理层面，卖家可灵活选择最适合自己的分销渠道，或利用亚马逊物流（Fulfillment by Amazon，FBA）服务，享受从仓储、打包到配送的一站式解决方案。

卖家遇到商品目录管理、库存监控、收款等问题时，可通过亚马逊的服务窗口获得及时帮助，确保运营顺畅。此外，在添加商品目录时，卖家享有高度的灵活性，可根据市场需求快速调整商品结构。值得一提的是，亚马逊物流服务不仅简化了物流流程，还附带有专业客服支持，进一步提升了顾客的满意度。

亚马逊供应商平台账户与亚马逊卖家平台账户的对比详见表 3–2–3。

表 3–2–3　亚马逊供应商平台账户与亚马逊卖家平台账户的对比

项目	亚马逊供应商平台账户	亚马逊卖家平台账户
申请方式	由亚马逊邀请	通过官网链接注册、通过招商经理渠道注册
账户类型	亚马逊供货商	第三方自营卖家
卖家名称显示	亚马逊	卖家店铺名称
广告位	AMS 广告位，涵盖亚马逊所有广告资源	卖家专属广告位，可自主投放
商品售价	由亚马逊决定，利用自动化系统定价	由卖家自行决定，并可根据市场情况调整
物流选择	主要通过 FBA 服务	卖家可选择自发货或 FBA 服务
开店收费	包括但不限于：2% 的佣金，4%～10% 的弹性成本，3%～15% 的市场开发费用，2%～3% 的物流损耗费用，1%～2% 的商品损耗费用	8%～20% 的品类费用，专业卖家需支付店铺月租费用
结款时间	结算周期较长，通常为 30～90 天	结算周期较短，通常为 14 天

（3）亚马逊商业卖家账户。亚马逊商业卖家账户是亚马逊在 2015 年推出的一款针对企业及机构买家的一站式商业采购平台。这一账户旨在为各类企业及机构提供更为便捷、高效的采购体验，使其能够轻松获取所需商品，并享受到专属的价格优惠和优质服务。

亚马逊商业卖家账户的优势包括以下几项。

第一，专属优惠价格。通过亚马逊商业卖家账户，企业及机构买家能够享受到专有的商品价格服务，这一举措有效地降低了采购成本，显著提升了采购的经济效益。

第二，两日免费配送服务。针对商业卖家账户用户，亚马逊提供两日内免费送达的快捷配送服务，极大地缩短了商品到货时间，进一步加快了企业的采购流程，提高了整体运营效率。

第三，简化采购审批流程。亚马逊商业卖家账户致力于优化采购体验，通过提供一站式采购解决方案，不仅简化了采购流程，还减轻了采购人员的工作负担，使采购活动更加顺畅高效。

第四，广泛的商品选择。该平台涵盖广泛的商品品类，可充分满足企业及机构买家多样化的采购需求，确保买家能够轻松找到所需商品，实现一站式采购。

2. 亚马逊账号注册

（1）亚马逊账号注册所需资料见表 3-2-4。

表 3-2-4　亚马逊账号注册所需资料

序号	资料	说明
1	公司营业执照	注册亚马逊账号时，公司营业执照是必不可少的资料，它是合法运营店铺的凭证。对营业执照的注册时间并无严格要求，无论是新注册的公司还是运营已久的企业，只要符合条件，均可申请。建议提交与所销售产品相关的营业执照，以提高注册通过率
2	法人身份证明与地址证明	需将正反两面身份证明合成一张图片提交。地址证明需提供办公地址的水、电、煤气对账单，家庭对账单无效
3	双币信用卡	注册过程中需使用双币信用卡，无论是法人的还是其他人的均可，建议使用 VISA 卡、万事达卡（MasterCard）
4	联系方式	（1）电子邮箱：注册时使用的电子邮箱可以是任意邮箱，但需确保该邮箱未曾注册过亚马逊账号，以避免因邮箱相同导致的账号关联风险 （2）电话号码：需使用未曾注册过亚马逊账号的电话号码，如果有任何重要问题，亚马逊会通过此联系方式联系
5	收款账号	在新的注册流程中，需添加收款账号。在注册亚马逊账号前，先注册收款账号。目前常用的收款工具包括 Payoneer、World First、PingPong、连连支付、网易收款等，选择适合自己的即可。确认开通销售国币种的支付功能，若同时开通多个商城，建议使用可以支持多币种支付的信用卡
6	一定数量的产品 SKU（库存保有单位）	如图片、产品描述、商品条码等

（2）亚马逊入驻流程如图 3-2-2 所示。

（3）注册账户有以下注意事项。

第一，账户管理规范。亚马逊平台明确规定，每个独立的公司实体或独立自然人仅能在单一站点注册并持有一个卖家账户。严禁任何形式的账户多开或操控多个卖家账户的行为，以维护市场公平竞争环境。

第二，网络环境稳定性。为了确保注册及后续运营过程的顺利进行，建议使用稳定且专用的网络环境。这有助于避免因网络波动导致的注册失败或信息泄露等问题。

第三，资料准备与真实性。在注册亚马逊账号之前，请务必按照官方要求准备好

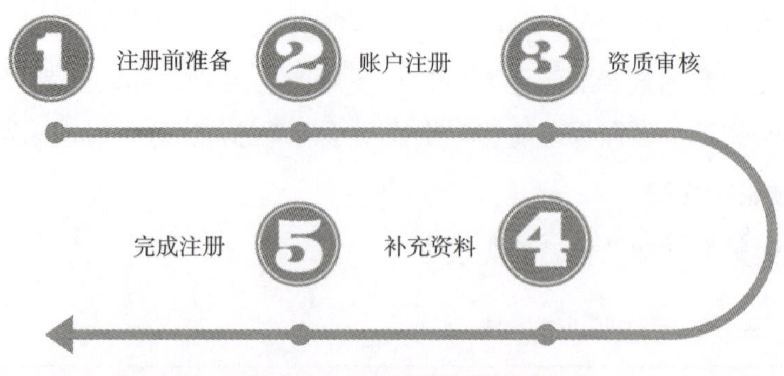

图 3-2-2 亚马逊入驻流程

所有必要资料。提交至卖家平台的所有信息必须真实有效，且与所提交文件的内容完全一致。除特别说明外，所有非中文字段建议使用拼音或英文填写，以确保信息的国际通用性和准确性。

第四，保持联系方式更新。及时更新企业联系方式，包括电子邮件地址和电话号码。这对于接收重要通知、解决潜在问题或参与平台活动至关重要。

第五，支付与结算信息维护。在后台提交支付和结算的信用卡信息时，建议使用法人名下的信用卡，以确保资金流转的合法性与安全性。同时，银行账户信息也应保持最新状态，以便顺利完成资金结算流程。定期核查并更新这些信息，有助于避免因信息过时而导致的支付延误或其他财务问题。

任务实训

实训目的：

掌握在全球速卖通平台上注册品牌专营店的完整流程。

实训内容：

根据表 3-2-5 的相关信息，在全球速卖通平台上注册店铺。

表 3-2-5 全球速卖通平台开店信息

姓名	张三	手机号码	13600000000
英文姓名	San Zhang	邮箱	××××@163.com
开设店铺类型	品牌专营店	店铺名称	ANDY DRESS
联系地址	广东省深圳市龙岗区 ×× 路 1 号		

实训步骤：

【步骤 1】准备开店资料。根据全球速卖通平台招商规则，将开店所需资料填入表 3-2-6 中。

表 3-2-6 全球速卖通平台品牌专营店开店资料

①	
②	
③	
④	
⑤	

【步骤 2】打开 www.aliexpress.com，点击“Join AliExpress”，进行注册，如图 3-2-3 所示。

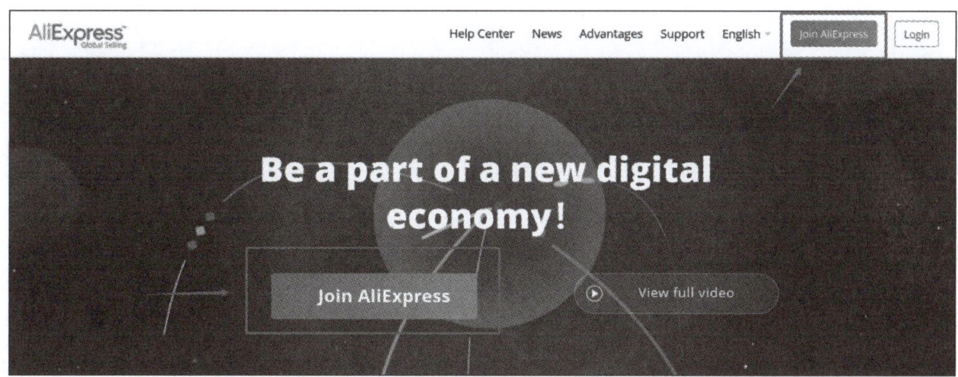

图 3-2-3 全球速卖通卖家注册入口

【步骤 3】进入注册页面，填写账号信息，如图 3-2-4 所示。

【步骤 4】填写企业信息。

【步骤 5】开通经营大类并缴纳保证金。

【步骤 6】开通店铺，设置店铺头像、店铺名称、店铺类型以及二级域名。

注意：如果全球速卖通平台品牌数据库中有收录商家目前使用的品牌，则需要商家提交该品牌使用授权书，经平台审核通过后，商家才可以正常使用。

【步骤 7】完成店铺注册。

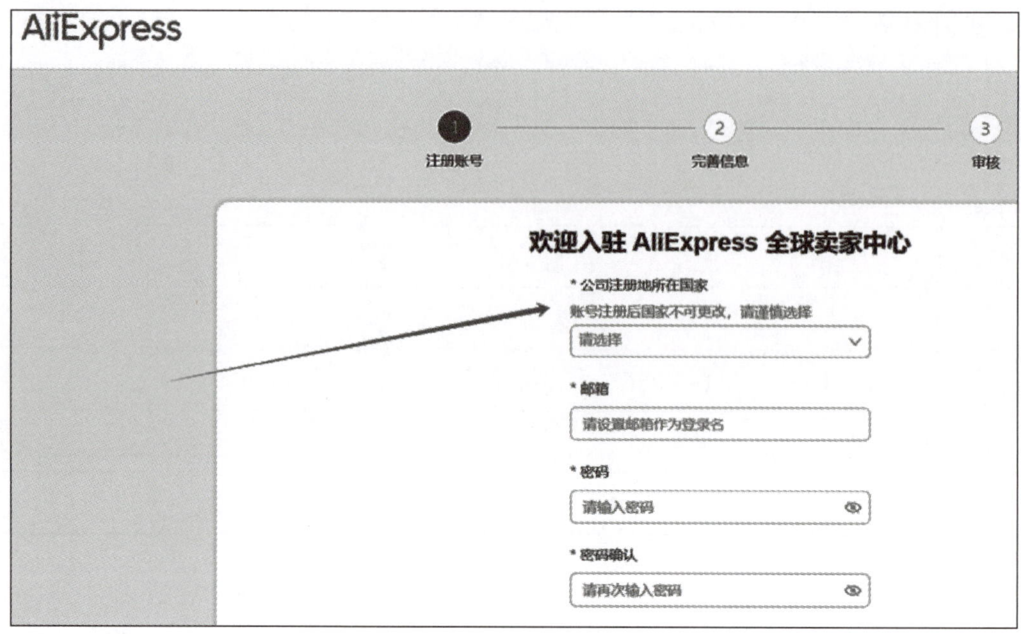

图 3-2-4　全球速卖通卖家注册页面

任务评价

学生完成自我小结并在表 3-2-7 中进行自评打分，教师根据学生表现进行点评并打分。最后按“自我评分 ×40%+ 教师评分 ×60%”的方法计算得分。

表 3-2-7　任务评价表

类别	评价内容	配分	自我评分	教师评分	得分
知识技能	熟悉全球速卖通入驻准备与注册流程	30			
	熟悉亚马逊入驻准备与注册流程	30			
职业素养	工作态度细致、认真、严谨	10			
	具备一定的团队合作和沟通能力	20			
	具备一定的创新能力	10			
合计					

思考与练习

在准备亚马逊入驻资料时，可能会遇到哪些常见问题？请列举至少三个问题，并提出相应的解决方案。

任务 3　商品信息设置与发布

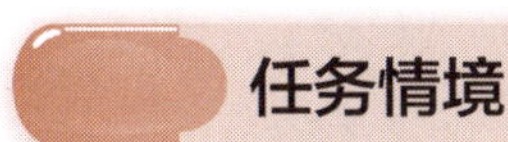

任务情境

开通店铺后，李华准备依据平台的商品发布规则，上架并发布商品。为确保商品上架和发布任务的顺利完成，李华需要深思熟虑以下几个问题：需要准备哪些商品信息资料？平台的商品发布规则具体有哪些？如何有效编辑商品信息？

任务分析

商品上架和发布虽然看似简单，但实际上对销售有着直接的影响。商品发布工作做得好，可以显著提升商品的曝光度并增加销量，从而为店铺的稳定运营奠定基础。在本任务中，我们将学习商品信息设置与发布的相关知识。

相关知识

一、商品标题的设置

商品标题在商品信息中占据举足轻重的地位，一个优质的标题能够有效吸引买家的注意力，最大限度地为商品引流，从而提高商品的曝光度和转化率。为了设置出高质量的商品标题，卖家需要掌握相应的技巧。

1. 商品标题的组成

通常使用“三段法”来撰写标题，即核心词 + 属性词 + 流量词。

（1）核心词是指商品的名称，正确的核心词能提高商品的相关性得分，解决商品“是什么”的核心问题。例如，boot（靴子）、trousers（裤子）、dress（连衣裙）。同一商品在不同的国家或地区可能会有不同的叫法，卖家在选取核心词时需要仔细考虑，尽量取词更全面，以增加获取流量的机会。

（2）属性词是指商品的特性词，能影响商品的排名和点击率，包括颜色、尺寸、材质、用途、风格、使用方法等用词。例如，Korean Style Short Skirt（韩版短裙）、Body-fitting T-shirt（修身 T 恤）、Waist-cinching Dress（收腰长裙）、Pure Color Trousers（纯色长裤）。标题中的属性词丰富，系统会判定这个标题比较正规，商品品质较优。买家在搜索商品时通过属性词进行筛选，有助于提高商品的曝光度。

（3）流量词主要用于搜索引擎，是用来给店铺或商品带来流量的，如描述重大节假日、平台的重大活动等的词语。流量词并不是直接给买家看的，因此可以放在标题的后半段。

除了核心词、属性词、流量词，商品标题还可以加入修饰词、品牌词等来丰富标题的内容。

2. 商品标题关键词的挖掘与搜集

商品标题是关键词的直接体现，关键词的质量直接关乎买家能否搜索到商品，其重要性不言而喻。为此，卖家需要掌握挖掘与搜集关键词的方法，以便更深入地了解市场，为设置标题奠定基础，进而打造出高质量的商品标题。以下将介绍几种挖掘与搜集关键词的方法。

（1）使用关键词工具选词。标题关键词的来源有多个渠道，包括商品的名称、属性等。以“生意参谋”为例，我们可以根据搜索人气、搜索指数和竞争指数等指标对关键词进行排列筛选，整理成优质关键词库，以备标题撰写和后期词语库优化之用，如图 3-3-1 所示。

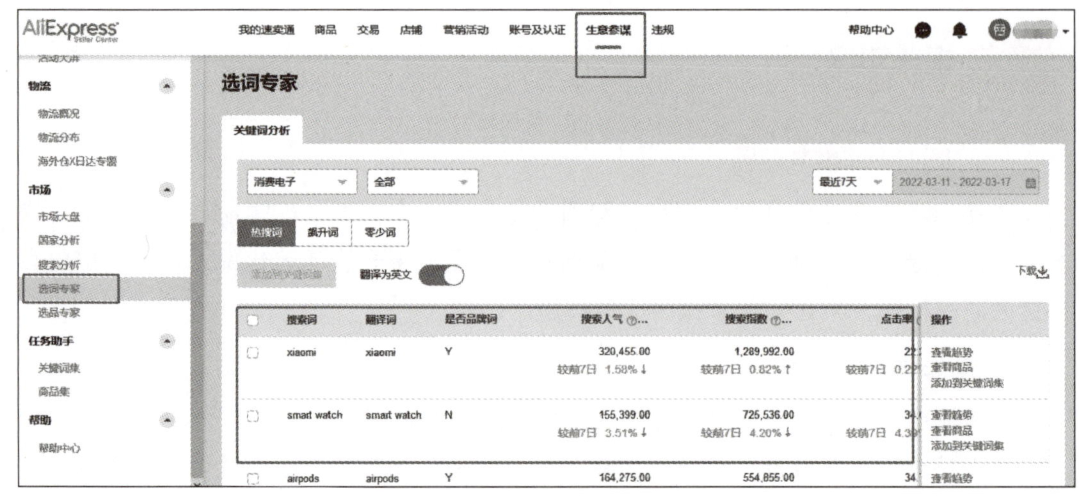

图 3-3-1 “生意参谋”查找关键词

（2）从搜索框下拉列表中选词。搜索框下拉列表中的词具有很强的参考意义，这些词是跨境电商平台根据买家的搜索习惯而推荐的一些关键词，如图 3–3–2 所示。卖家可以对这些关键词进行整理与筛选，从中选择与自己商品相关性较高的关键词作为商品标题的备选关键词。

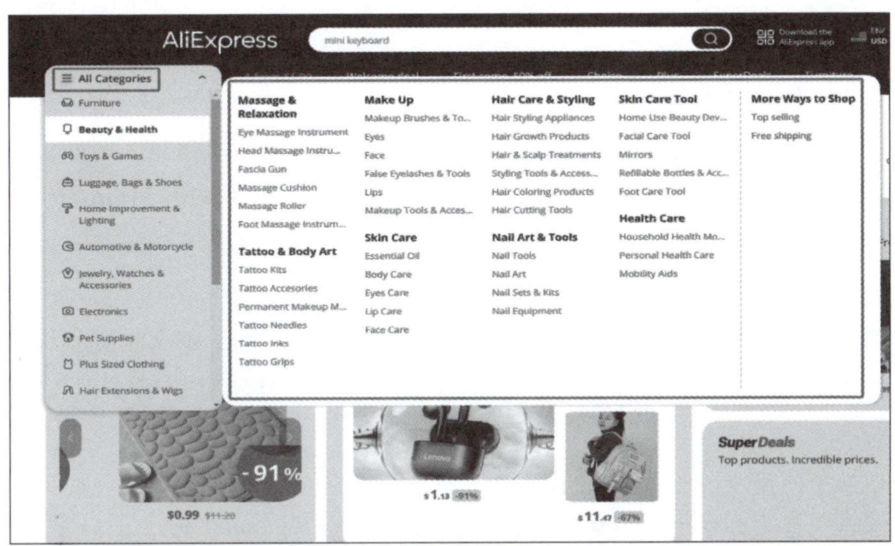

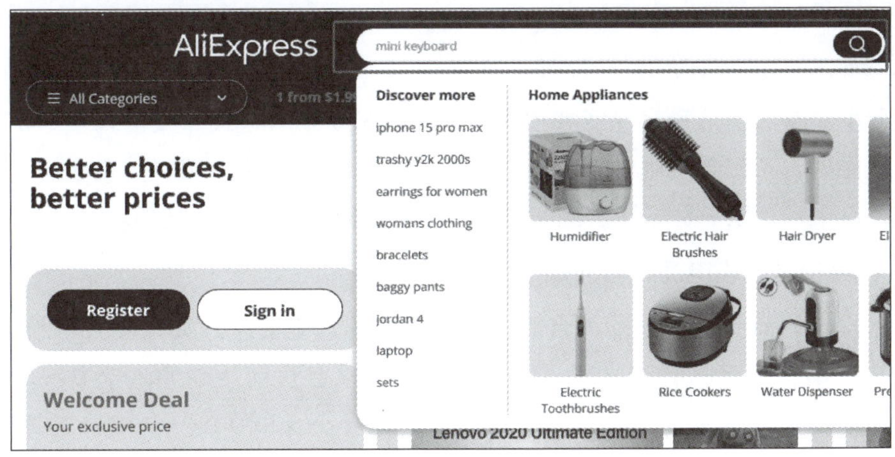

图 3–3–2 全球速卖通平台搜索框下拉列表

（3）参考其他卖家的商品标题。参考其他卖家的商品标题是一种省时、省力的关键词搜集方法。卖家可以使用商品的核心关键词在搜索框中进行搜索，并将销量较好和评分较高的商品标题搜集起来，保存在 Excel 表格中（建议搜集 5 ~ 10 个商品标题即可），然后进行观察和分析。通过比较和筛选，卖家可以找出适合自己商品的关键词，并在商品发布时使用这些关键词来提高其曝光度和销量。

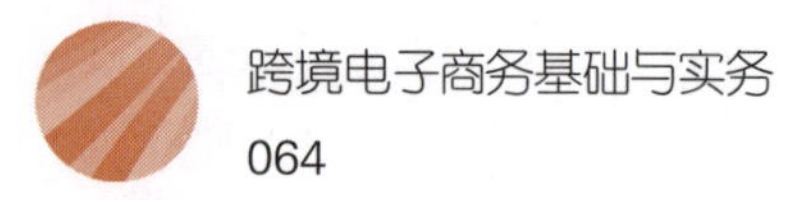

3. 商品标题的设置原则

在设置商品标题时，卖家需遵循以下五点原则。

（1）标题字数要符合跨境电商平台对标题字符数的要求。过短的标题不利于搜索覆盖。

（2）在撰写商品标题时，卖家需要遵守语法规则，真实、准确地描述商品，同时符合境外买家的语法习惯。此外，也需要注意避免错别字和语法错误，以免影响消费者对商品的印象和信任度。

（3）避免因关键词堆砌降低商品标题排名，甚至导致降权处罚。例如，如果卖家销售的是一款跑鞋，那么在商品标题中，应使用“Men's Running Shoes for Outdoor Sports Shoes”作为主要关键词，而不是仅仅使用“Men's Running Shoes”或“Outdoor Sports Shoes”，这样可以有效避免关键词堆砌。

（4）避免虚假描述。例如，如果卖家销售的是一款 MP3，那么在商品标题中，应使用“Portable MP3 Music Player”作为主要关键词，而不是填写类似 MP4、MP5 的虚假描述。

（5）避免使用特殊符号，如引号、句号等。买家在搜索商品时不会在关键词间添加此类符号，基本使用空格。更不要使用特殊符号如“！@#￥%……&*（）”来吸引消费者的注意，这是违反平台规定的。

二、商品主图的设置

商品主图在吸引消费者注意和提高转化率方面扮演着至关重要的角色。卖家在设计商品主图时，不仅要清晰地展示商品的主要信息，还要注重吸引消费者的目光，并努力提高点击率。以下是一些卖家在设置商品主图时可以参考的技巧。

1. 图片符合跨境电商平台的规范要求

卖家发布的商品主图必须符合跨境电商平台的规范要求。如果图片不符合要求，将会直接影响相应商品的曝光度，以及商品参加平台营销活动的入选概率。以全球速卖通平台为例，其商品主图的尺寸建议为：800 px×800 px（1∶1）或 750 px×1 000 px（3∶4）。

2. 拍摄高质量的商品图片

为了最大限度地吸引买家的注意力，卖家在拍摄商品主图时需要掌握一些技巧。首先，选择光线充足的环境进行拍摄，避免阴暗或过于明亮的光线影响图片质量。其次，使用高像素的相机或手机进行拍摄，以确保图片的清晰度和细节表现。此外，可以尝试使用不同角度、不同背景和不同细节的图片来展示商品，以吸引消费者的注意。

最后，可以利用 Photoshop 等图像编辑工具调整图片的色彩和尺寸，以提升整体的美观度。但需要注意的是，不能对照片进行过多的编辑。卖家应该为买家提供最真实的商品图片；如果照片编辑过度，对商品进行了过度美化，买家收到货后发现实物与商品图片不符，就容易引起纠纷。常用的拍摄工具如图 3–3–3、图 3–3–4 所示。

图 3–3–3 便携式拍摄箱套装

图 3–3–4 拍摄用布景架

三、商品详情信息设置

商品详情是向消费者全面介绍商品属性、使用方法等详细情况的重要部分，同时也是促成订单转化的关键环节。在设置商品详情信息时，卖家需要精心搭配文字、图片、视频等元素，并确保其质量，以有效吸引消费者的注意并提高转化率。商品详情信息的构成见表 3–3–1。

表 3–3–1 商品详情信息的构成

模块名称	内容	示例图
页头	展示品牌形象、新品促销、活动海报等内容，用于吸引消费者的注意并引导他们继续浏览页面	ANIMALS Waist Bag & Chest Bag
商品属性	通过文字或整张图片的方式，详细罗列商品的各项具体属性，如颜色、尺寸、材料等，以便消费者全面了解商品信息	**Children School Bags** Cartoon Hippo Bags Toddler Backpack For Kids Girls 3D Cartoon Backpack **Feature:** Size: 31*27*11.5 cm Weigh:0.36kg Suitable for 2-6 years old. Color: Green and Orange Gender: Girls/ Boys Material:SBR CR Neoprene Waterproof/Light/Comfortable Package:1*bag **Note:** Please Allow 1-2cm Normal Range Error.

续表

模块名称	内容	示例图
图文描述	描述商品卖点的图片和文字的组合，可以是纯图片的使用场景图、细节图、效果图，也可以是图片配以详细的文字介绍，以直观展示商品的优势	LEIGHT WEIGHT&ROOMY INTERIOR:CAN HOLD THE SUP-PLIES YOUR PRE-CHOOLER MIGHT NEED. QUALITY BUCKLE FUN INTERACTION
物流政策	清晰说明发货时间、到货时间、跟踪信息以及退换货政策，以便消费者了解购买后的物流及售后服务流程	Shipment Pack your order at our warehouse Transport to transfer station 24h Ship by air Customs Clearance Sent to you Give it to your hand 1.Tracking information will usually be updated in 24-72 hours.You can track it in this website: https://www.17track.net/zh-cn 2. Normally it will take 10-45 days to arrive, the speed of customs clearance & shipping in buyers country that decides it arrive faster or delay, please understand.
客服支持	提供客服联系方式、工作时间等信息，确保消费者在购物过程中遇到问题时能够及时获得帮助	Customer Service ON LINE Monday to Saturday Beijing Time:09:00-18:00; New York Time 20:00-05:00; Melbourne Time 12:00-21:00 ; London Time 01:00-10:00. Please feel free to contact us at any time. We will reply ASAP.
购买评价	引导客户留下评价或展示该商品的优质评价，以增加消费者信任度并促进购买决策	Feedback Please give us positive feedback with 5 stars if you are satisfied with our item or service If you are unsatisfied or any problems, Please contact us before you leaving the negative feedback or open dispute, we are willing to help and offer solution.

在设置商品详情信息时，卖家不仅要重视商品图片设计，还要注重商品文字描述。在撰写文字描述时，可以参考以下技巧。

1. 突出商品能给消费者带来的好处

在向消费者介绍商品时，除了描述商品的功能和规格，更重要的是要强调商品能给消费者带来的实际好处和改变。例如，如果卖家销售的是一款智能手表，可以强调它能帮助消费者更方便地接听电话和监测健康状况，从而提升生活质量。如“This smart watch not only monitors your health but also allows you to answer calls and check messages，making your life more convenient.”

2. 合理使用形容词，避免过度夸张

在描述商品时，应合理使用形容词来展现商品的特点。例如，如果卖家销售的是一款护肤品，可以使用“温和（gentle）”和“有效（effective）”这样的形容词来描述。同时，应避免使用如“超级（super）”或“最佳（best）”等可能夸大商品功效的极限词。合理使用形容词，每个名词前尽量只使用一个形容词，并选择那些能够刺激感官的形容词，同时摒弃无意义的填充词，如“good”“leading”“best-in-class”“nice”等，这样可以更真实地展现商品特点，增加消费者的信任感和购买意愿。

3. 合理分段，注重排版格式

在跨境电商交易中，商品文字描述通常是外文。因此，卖家在撰写文字描述时要注意分段和排版，以方便消费者阅读和理解。如使用空格来分隔文本段落，以创造舒适的阅读体验，这样可以帮助消费者更容易阅读和理解商品信息，延长他们在页面的停留时间。排版示例如图 3-3-5 所示。

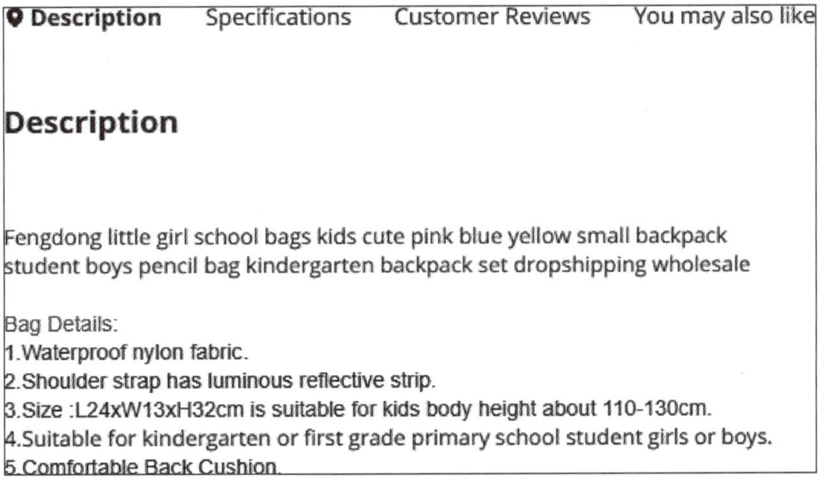

Description　Specifications　Customer Reviews　You may also like

Description

Fengdong little girl school bags kids cute pink blue yellow small backpack student boys pencil bag kindergarten backpack set dropshipping wholesale

Bag Details:
1.Waterproof nylon fabric.
2.Shoulder strap has luminous reflective strip.
3.Size :L24xW13xH32cm is suitable for kids body height about 110-130cm.
4.Suitable for kindergarten or first grade primary school student girls or boys.
5.Comfortable Back Cushion.

图 3-3-5　排版示例

四、商品价格信息设置

卖家在确定商品价格时，应通过市场调研和参考竞争对手的价格来设定一个合理的价格范围，同时也必须充分考虑商品的成本和预期的利润率。价格设定过高可能会让消费者觉得不划算，从而影响销售；而过低的价格又可能会压缩利润，对商家的长期经营造成不利影响。因此，卖家需要综合考虑各种因素，以确定一个既具有竞争力又能保证利润的商品上架价格。

1. 商品价格的类型

（1）上架价格（List Price，LP）：指商品在电商平台上传时所填写的价格，是消费者在购买前首先看到的价格。

（2）销售价格（Discount Price，DP）：也称折后价，指商品按店铺设定的折扣率销售时的价格。计算公式：折后价 = 上架价格 × 折扣率。

（3）成交价格（Order Price，OP）：指用户最终下单支付的实际价格，可能包含商品价格和运费等。

以图 3–3–6 中某店铺一款遮阳帽为例。该款遮阳帽的上架价格为 5.03 美元，销售价格为 3.02 美元。若该遮阳帽产品运送至西班牙，考虑到运费等因素，成交价格则为 9.3 美元。

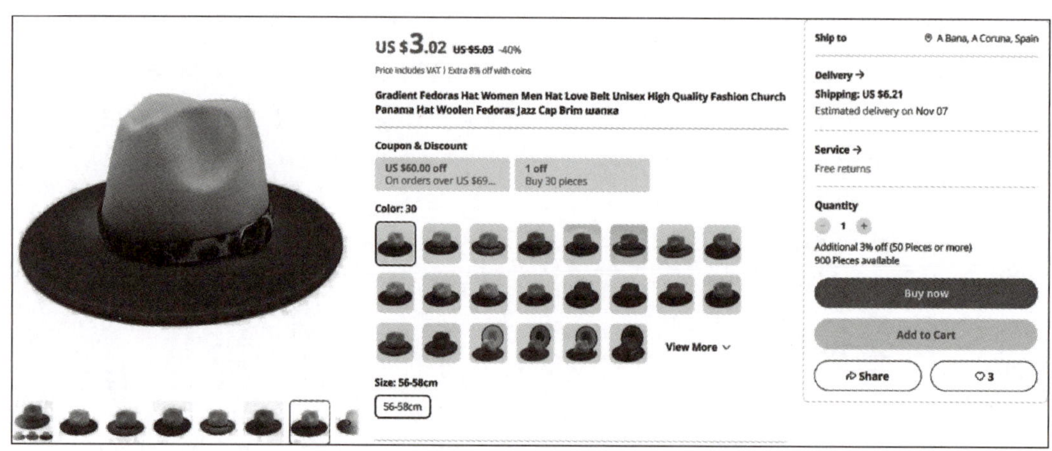

图 3–3–6　商品价格

2. 商品定价策略

在制定商品价格时，卖家可以参考以下三种主要策略。

（1）基于商品成本定价。这是一种简便且实用的定价方法。卖家无须进行过于复杂的市场调研，只需综合考虑商品的成本（包括生产成本或进货成本、物流成本、营

销推广成本等）以及期望的利润额，即可制定出合理的商品价格。计算公式：商品价格 = 商品成本 + 期望的利润额。例如，某卖家采购了一批女士衬衣，经计算，每件衬衣的成本为 14.5 美元，期望每件衬衣赚取 10 美元的利润，因此，该卖家应将每件衬衣的销售价格设定为 24.5 美元。

（2）基于竞争对手定价。这种策略要求卖家首先寻找并确定自己的直接竞争对手，然后详细分析他们的商品价格，并以此作为参考来设定自己的商品价格。例如，某卖家销售双轮电动平衡车，通过收集某跨境电商平台上同款商品的价格数据，发现销量前十的卖家中，最低销售价格为 150 美元，最高销售价格为 250 美元。据此，该卖家可以将自己的商品价格定在 150～250 美元的某个合适价位。这种定价策略的优势在于，卖家可以借鉴同行业其他商品的价格来设定自己的价格，从而保持市场竞争力。

（3）基于商品价值定价。这种策略要求卖家深入分析商品为买家带来的实际价值，以及在特定时期内，买家愿意为这种价值支付的费用。例如，一款由知名设计师设计的 T 恤与一款普通 T 恤相比，由于其独特的设计价值和品牌效应，买家通常更愿意为知名设计师设计的 T 恤支付更高的价格。然而，这种定价策略的操作相对复杂，因为卖家需要进行深入的市场调研和客户分析，以充分了解目标用户群体的消费行为特征、购买动机、对商品功能的关注度以及价格因素对其购买决策的具体影响等。

任务实训

实训目的：

掌握在全球速卖通平台上发布商品的全过程。

实训内容：

假定你要在全球速卖通店铺上架一新款儿童背包，根据平台商品发布要求，提炼商品发布所需信息，准备完成商品信息设置与发布。

实训步骤：

【步骤 1】准备商品发布资料，填写表 3-3-2。

表 3-3-2　准备商品发布资料

1	商品标题	

续表

2	商品主图信息	
3	商品属性信息	
4	商品详情描述文案	
5	商品价格信息	

【步骤 2】选择商品类目、填写商品属性（见图 3–3–7 至图 3–3–9）。

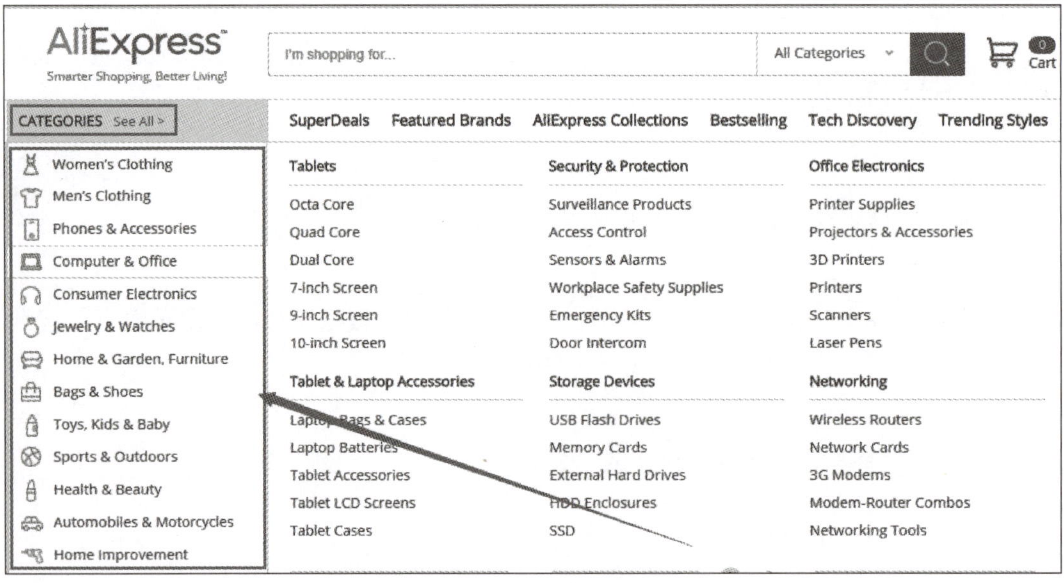

图 3–3–7　选择商品类目 1

AliExpress 全球速卖通
欢迎您，Anny 消息中心 退出系统
卖家频道 网站首页 移动端 联系客服 Go to My Alibaba
发布产品
查看发布产品规则
选择类目
类似产品导入
中文类目
请输入英文产品关键词，如mp3
查找类目
查看中英类目对照表
找不到您想要的类目？点此提交！
服装/服饰配件
汽车、摩托车
美容健康
俄罗斯当地图书音像
电脑和办公
消费电子
电子元器件
食品
家具和室内装饰品
假发及周边
家居用品
家用电器
家装（硬装）
商业照明
节日照明
室内灯饰灯具
LED照明
照明附件
灯泡、灯管
新奇特灯
室外照明
便携式照明
专业灯具
手电筒
头灯
便携提灯
便携式探照灯
您当前选择的类目：照明灯饰(Lights & Lighting) > 便携式照明(Portable Lighting) > 手电筒(Flashlights & Torches)
我已阅读以下规则，现在发布产品

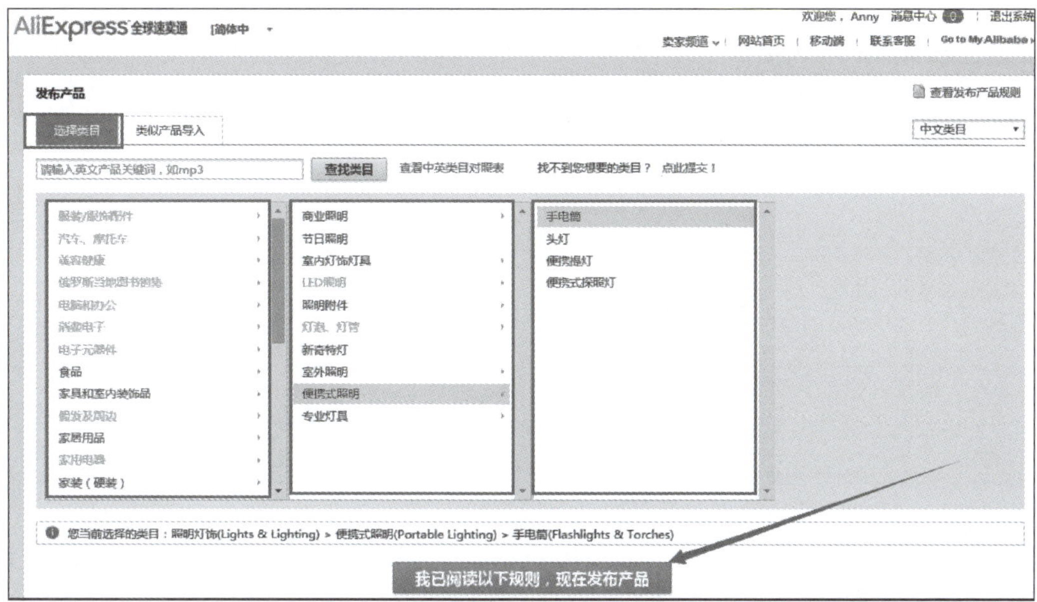

图 3-3-8　选择商品类目 2

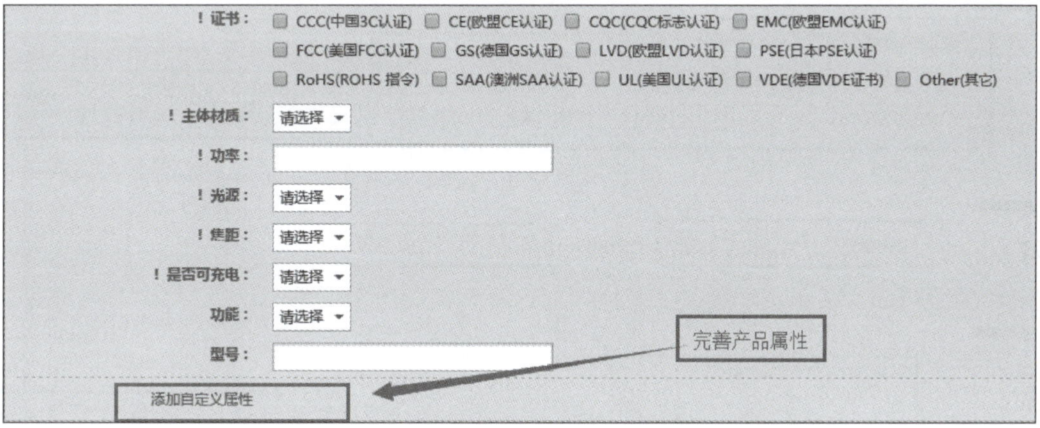
! 证书：
CCC(中国3C认证)
CE(欧盟CE认证)
CQC(CQC标志认证)
EMC(欧盟EMC认证)
FCC(美国FCC认证)
GS(德国GS认证)
LVD(欧盟LVD认证)
PSE(日本PSE认证)
RoHS(ROHS 指令)
SAA(澳洲SAA认证)
UL(美国UL认证)
VDE(德国VDE证书)
Other(其它)
! 主体材质：请选择
! 功率：
! 光源：请选择
! 焦距：请选择
! 是否可充电：请选择
功能：请选择
型号：
完善产品属性
添加自定义属性

图 3-3-9　添加自定义属性

【步骤 3】填写商品信息（见图 3-3-10、图 3-3-11）。

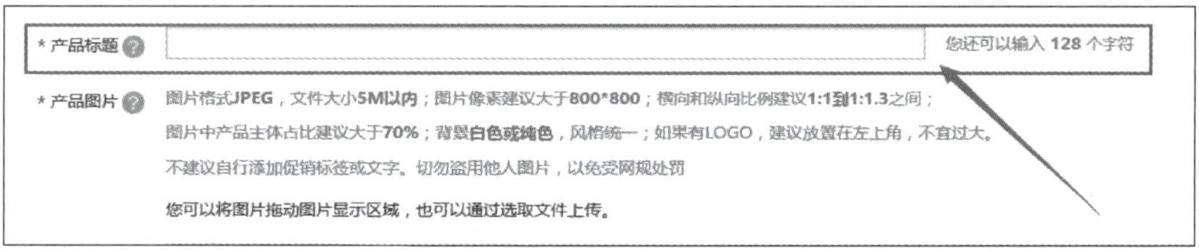
* 产品标题
您还可以输入 128 个字符
* 产品图片
图片格式JPEG，文件大小5M以内；图片像素建议大于800*800；横向和纵向比例建议1:1到1:1.3之间；
图片中产品主体占比建议大于70%；背景白色或纯色，风格统一；如果有LOGO，建议放置在左上角，不宜过大。
不建议自行添加促销标签或文字。切勿盗用他人图片，以免受网规处罚
您可以将图片拖动图片显示区域，也可以通过选取文件上传。

图 3-3-10　填写商品标题

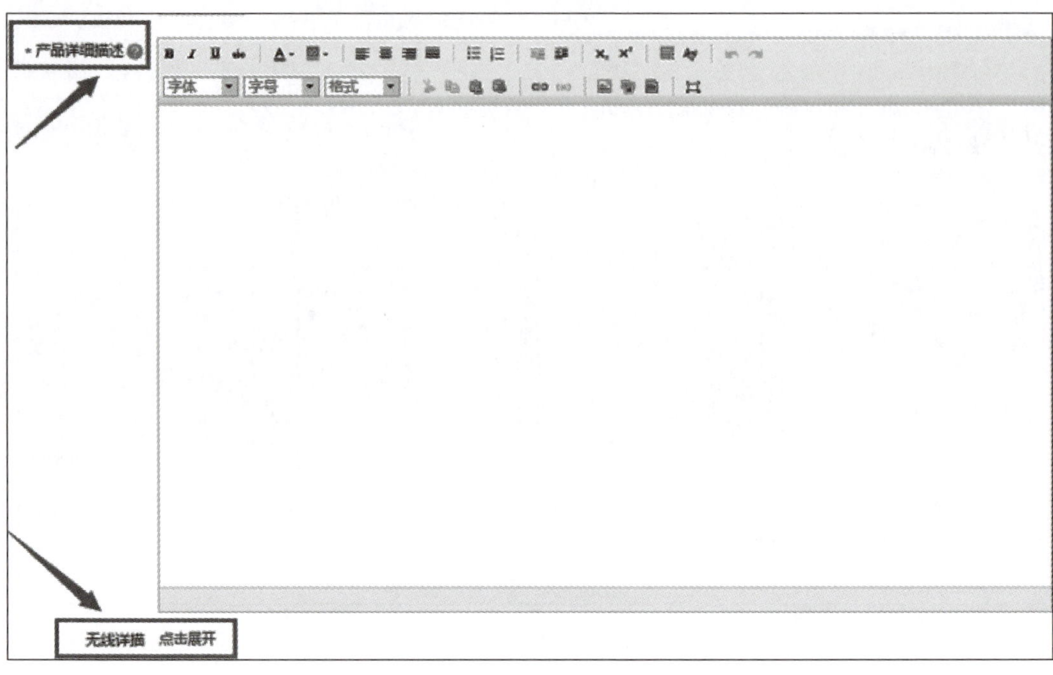

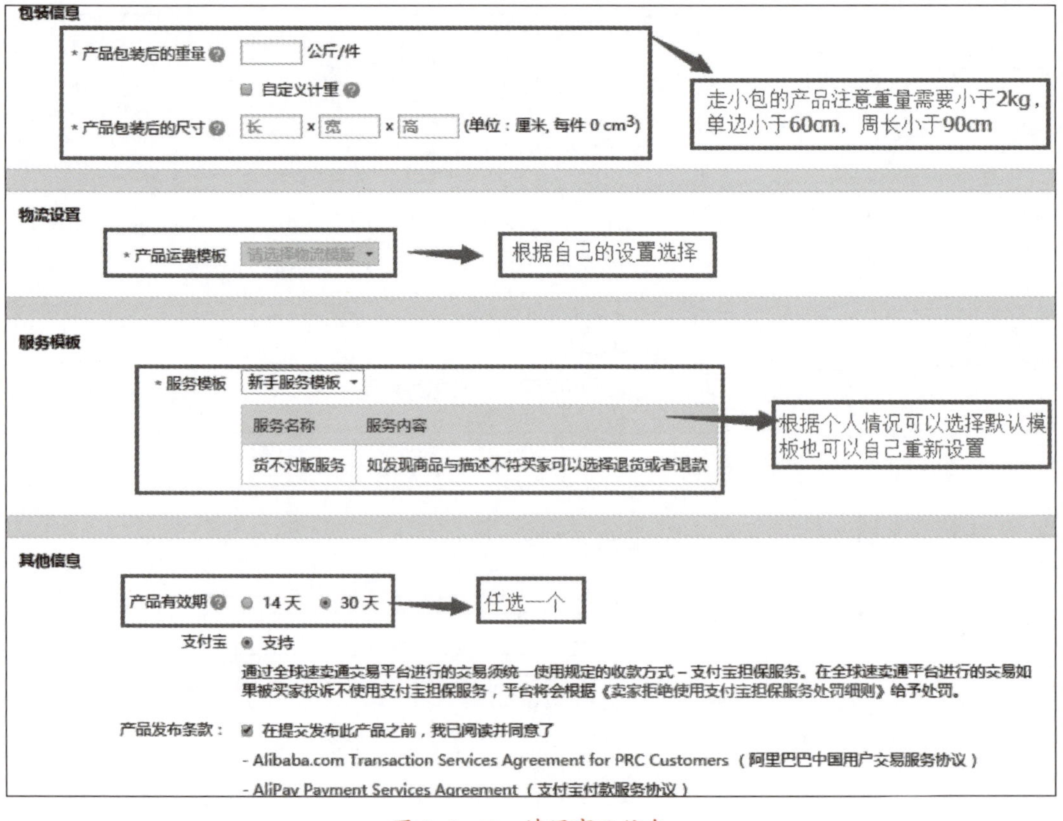

图 3-3-11　填写商品信息

【步骤 4】完成商品发布，示例如图 3-3-12 所示。

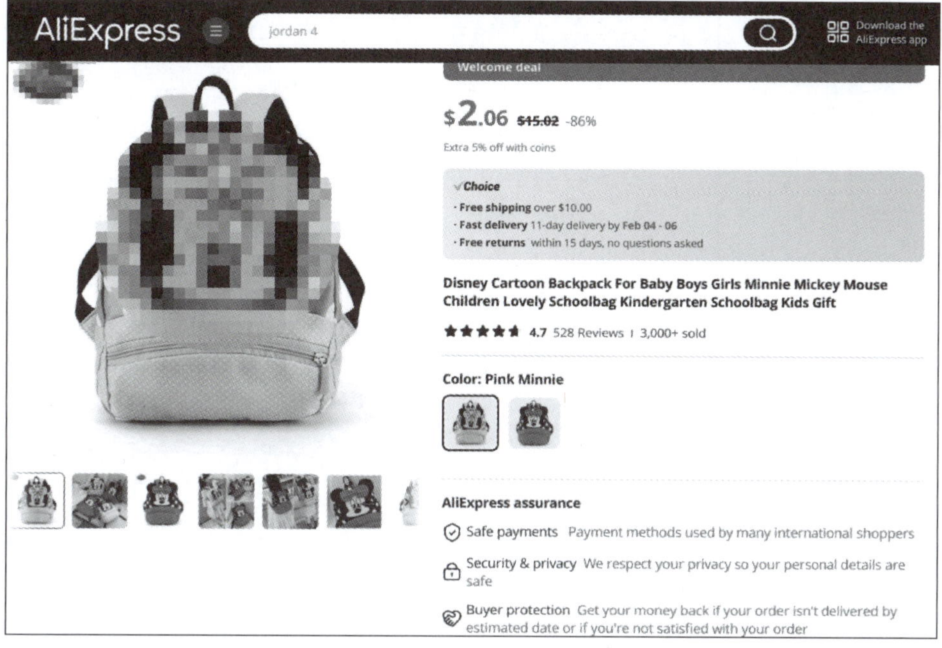

图 3-3-12 商品前台展示示例

任务评价

学生完成自我小结并在表 3-3-3 中进行自评打分，教师根据学生表现进行点评并打分。最后按“自我评分 ×40%+ 教师评分 ×60%”的方法计算得分。

表 3-3-3 任务评价表

类别	评价内容	配分	自我评分	教师评分	得分
知识技能	掌握商品标题的设置方法	15			
	掌握商品主图的设置方法	15			
	掌握商品详情信息的设置方法	15			
	掌握商品价格信息的设置方法	15			
职业素养	工作态度细致、认真、严谨	10			
	具备一定的团队合作和沟通能力	20			
	具备一定的创新能力	10			
合计					

思考与练习

1. 假设你要销售一款具有防水功能的智能手表，请根据“三段法”撰写一个商品标题，并解释每个部分词语的选择理由。
2. 除了使用关键词工具外，还有哪些方法可以挖掘与搜集商品标题的关键词？请至少列出两种方法，并简要说明每种方法的具体步骤。
3. 在设计商品详情信息时，如何合理安排图文描述的顺序和结构，以最大化地吸引买家注意并促进其产生购买决策？

项目四 跨境电商店铺设计与装修

项目概述

在当今这个消费者拥有广泛选择且偏好瞬息万变的时代，消费者的购买决策往往基于他们在产品页面上所获得的整体体验。鉴于此，大多数卖家都将优化购物体验视为关键，致力于通过精细化的店铺设计与装修工作来强化品牌形象，进而提升用户体验及转化率。

学习目标

知识目标

1. 了解店铺首页布局和视觉元素的设计方法。
2. 了解商品详情页设计规范和技巧。
3. 了解促销活动页和品牌故事页的基本构成与设计要素。

技能目标

1. 能够分析用户需求，完成店铺 logo 和店招设计。
2. 能够根据店铺营销需求，完成店铺首页 banner 的设计。
3. 能够根据店铺营销需求，制作符合规范的商品详情页。
4. 能够根据店铺营销需求，完成促销活动页的设计与制作。
5. 能够根据店铺营销需求，结合品牌文化，完成品牌故事页的设计与制作。

- **素养目标**

1. 培养审美意识。
2. 培养创新思维和解决问题的能力。
3. 培养团队合作精神和沟通能力。

任务 1 店铺首页设计与制作

任务情境

李华加入 A 电商公司实习后，恰逢一年一度的亚马逊 Prime Day 盛大开启。为了充分利用这一购物狂欢节，他所在的运营团队决定对店铺首页进行全面翻新，提前营造浓厚的节日氛围。

任务分析

店铺首页，作为消费者接触店铺的第一扇窗，其设计质量直接关乎能否给消费者留下深刻而美好的第一印象，进而吸引其目光，激发其潜在的购买兴趣。在本任务中，我们将学习店铺 logo、banner 和店招的设计方法。

相关知识

一、店铺 logo 的类型

店铺 logo 作为店铺的视觉识别核心元素，承载着代表和识别品牌形象的重要任务。一个优秀的店铺 logo 应当兼具简洁性、易记性与辨识度，同时紧密契合店铺的经营理念与品牌形象。以下是几种常见的店铺 logo 类型。

1. 字母型 logo

字母型 logo 是被广泛应用的一种形式（见图 4-1-1）。这类 logo 通常以公司名称的首字母或缩写为基础，通过不同字体的创意设计呈现。其优势在于简洁直观、易于辨识与记忆，尤其适合面向国际市场的网店，有助于跨越语言障碍，实现全球范围内的品牌识别。

图 4-1-1　字母型 logo 示例

2. 图案型 logo

图案型 logo 深植于品牌内涵，通过抽象、具象或卡通等图案形式，讲述品牌故事，展现独特艺术魅力（见图 4-1-2）。此类 logo 不受地域语言限制，形象生动，具有高度的辨识度和吸引力，深受大众喜爱，尤其能触动年轻消费群体的心弦。

图 4-1-2　图案型 logo 示例

3. 文字与图案组合型 logo

此类 logo 将文字与图案精妙结合，形式多样，包括简单并列、叠加融合等（见图 4-1-3）。文字与图案组合型 logo 通过公司名称与富有象征意义的图案搭配，不仅强化了品牌信息的传达，还加深了消费者的品牌记忆，对于提升品牌知名度效果显著，同时也帮助品牌在市场中脱颖而出。

图 4-1-3　文字与图案组合型 logo 示例

4. 吉祥物型 logo

吉祥物型 logo 以卡通、动物或人物形象为主角，凭借其生动有趣的形象、高度的辨识度和记忆点，成为吸引消费者注意力的利器（见图 4-1-4）。这类 logo 尤其适合追求年轻化、趣味性的店铺，能够迅速拉近与年轻消费群体的距离。

在设计店铺 logo 时，应重点把握以下几个方面原则。

第一，简洁明了。确保 logo 设计直观易懂，避免复杂冗余的元素，便于消费者迅速捕捉并记住。

图 4-1-4　吉祥物型 logo 示例

第二，易于识别。赋予 logo 独特性，避免与市场上现有店铺 logo 雷同，防止消费者混淆。

第三，与品牌形象一致。logo 应紧密围绕店铺的经营理念与品牌形象展开设计，准确传达品牌的核心价值与特色。

第四，可扩展性。考虑到 logo 在不同媒介和场景下的应用需求，确保其具备良好的适应性和灵活性。

二、banner 的设计规范

banner 位于首页主区内，是消费者进入店铺时首先映入眼帘的内容，其后通常对应着图片轮播模块。因此，banner 作为一个至关重要的产品展示模块，通过滚动轮播的方式动态展示多张广告图片，更直观、更生动地展现店铺商品，有效提升广告商品及优质内容的曝光度。一张优质的 banner 图能够吸引消费者的注意力，有效传达产品的特点。相反，如果 banner 图的制作缺乏专业性，或者内容显得混乱，就可能给消费者留下不佳印象，进而影响他们深入了解的欲望。

无论在 PC 端还是移动端，banner 图在店铺首页中都占据显著位置，其主要目的是吸引目标消费者。因此，在设计 banner 图时，应遵循以下几个设计规范。

1. 主体突出

在当今，工作、学习或其他活动导致的时间碎片化特点，致使人们的阅读方式已从逐行阅读文字转变为逐屏浏览图片。每张图片在消费者眼前的展示时间都很短暂，因此必须确保消费者能在第一眼就捕捉到 banner 图的主要信息，从而增加图片被点击的机会。

2. 视觉与文案的合理搭配

应根据店铺风格和营销内容进行合理的色彩搭配，使消费者在第一时间就能从色彩上对产品产生强烈的感知。文案应既简洁又能与消费者产生共鸣。在设计时，通常使用主标题来吸引消费者的注意力，用副标题进一步解释标题的含义，并采用合理的布局方式，使画面构图更加美观。

在撰写文案时，应从消费者的角度出发，避免一味强调产品的优点，而应着重展示产品优点能给消费者带来的实际好处，让消费者感受到产品的价值，从而提高购买

的可能性。同时，文案应设置递进关系，引导消费者通过一张 banner 图而下意识地“追踪”广告。在设计时，一张 banner 图通常突出一个要点（或讲述一个产品故事），而多个 banner 图则可以呈现一个系列故事，从而激发消费者的探索欲望，引导他们继续点击，浏览更多店铺信息。

3. 正确的图片尺寸

正确的图片尺寸是确保图片在网店中有效展示的关键。不同的网店平台对图片尺寸有不同的要求，在设计 banner 图时，必须根据对应平台的要求来设计制作。在大多数平台上，PC 端 banner 图的主流显示尺寸是宽度 1 920 px，高度则根据店铺活动或主题的不同而有所变化。然而，我们也需要考虑到，有些显示器的分辨率可能无法达到 1 920 px 的宽度。根据目前市场上在售显示器的规格，950 px 的宽度能够满足绝大多数显示器的分辨率要求。因此，我们需要适当调整 banner 图内有效内容的显示范围，确保产品和文案能够放置在 950 px 的显示范围内，而其余部分则可以用背景或装饰来延展填满（见图 4-1-5）。这样，无论是在 1 920 px 宽度的显示器中，还是在 950 px 宽度的显示器中，都能够完整展示 banner 图想要传达给消费者的重要信息，从而实现最广泛的适用性。以下是常见跨境电商平台 banner 图的尺寸标准参考。

亚马逊：宽度为 1 500 px；高度不限，常用 600 px。

全球速卖通：宽度为 1 920 px；高度不限，常用 600 px 或 750 px。

eBay：宽度为 1 280 px；高度不限，常用 385 px 或 400 px。

敦煌网：最大宽度为 1 230 px，最小宽度为 990 px；高度不限。

虾皮网：宽度为 1 200 px；高度不限，常用 500 px 或 600 px。

图 4-1-5　banner 图尺寸示例

三、店招的设计规范

店招是店铺的招牌，也是店铺的灵魂所在。它位于店铺首页的顶部，主要作用在于说明店铺的营销项目，从而吸引消费者的注意。作为展示店铺形象的一个重要窗口，鲜明、有特色的店招对于店铺品牌的形成和商品定位的展现具有不可替代的作用。某亚马逊店铺店招如图 4–1–6 所示。

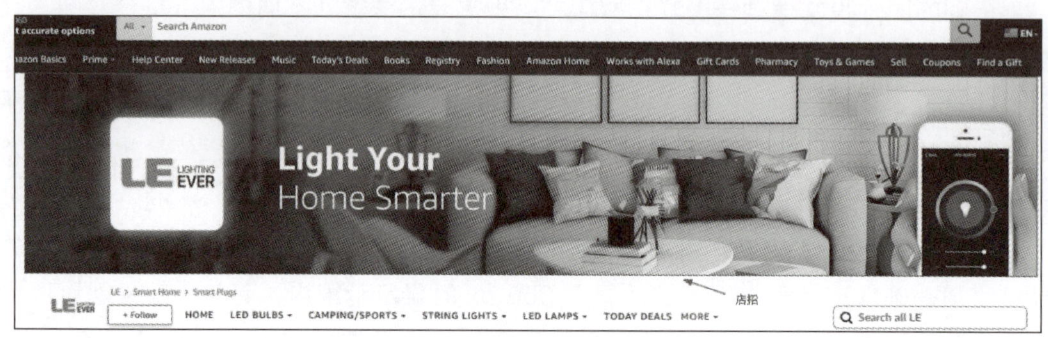

图 4–1–6　某亚马逊店铺店招

店招的设计元素通常包括店铺的品牌名称或公司名称、品牌 logo、公司口号或服务理念等核心要素。此外，店招还可以灵活融入店铺促销信息、平台活动参与方案以及店铺内的特殊优势介绍等内容，以丰富其信息传递功能。店铺无须包含所有元素，可根据自身需求和实际情况进行适当调整，以达到最佳展示效果。一个设计精良的店招能够有效传达店铺的经营理念，突出店铺的经营风格，并彰显店铺的独特形象。某全球速卖通店铺店招如图 4–1–7 所示。

图 4–1–7　某全球速卖通店铺店招

1. 店招的设计要点

（1）尺寸规范。店招的图片格式通常为 GIF、JPG 和 PNG，且需满足特定平台的尺寸要求。不同平台对店招的尺寸有具体的规定。以下是常用跨境电商平台店招图片尺寸的参考。

1）亚马逊：最大宽度为 3 000 px，高度为 600 px；最小宽度为 1 500 px，高度为 300 px。

2）全球速卖通：全屏宽度为 1 920 px，高度为 90 px；同时也有适用于移动端的尺寸。

3）eBay：宽度为 1 280 px，高度为 290 px。

4）敦煌网：宽度为 1 520 px，高度为 180 px。

5）虾皮网：最小宽度为 390 px，高度为 135 px；最大宽度为 1 242 px，高度为 621 px。使用大尺寸时，平台将根据实际情况自动渲染显示小尺寸。

（2）表达直接。国外消费者更倾向于直接的表达方式，因此店招需要能够明确、直接地告知消费者店铺所售卖的商品种类，可以采用实物照片的形式，直观、形象地展示店铺的商品及其特色。

在进行店招文案策划时，可以遵循“3W”原则，即要明确什么样的消费者（Who）会在什么样的时机、场景需求下（When）选择什么样的商品（What）。

（3）突出特点。店招应能够阐述店铺商品的核心特点，以便在第一时间吸引并打动浏览者。店招要尽量体现出店铺和所经营商品的优势，以及与其他店铺的差异之处，从而形成自己独特的卖点。

2. 店招的设计视觉规范

店招的首要功能是清晰地展示店铺名称。在店招上，可以添加品牌宣传语、近期的打折促销信息、收藏按钮、移动端二维码等元素，力求在有限的空间内传递出更多的信息，以刺激消费者的购买欲望。但要注意，这些元素最好不要超过 3 个，因为足够的留白空间有助于打造视觉重点，让设计元素发挥出最大的效能，如图 4–1–8 所示。

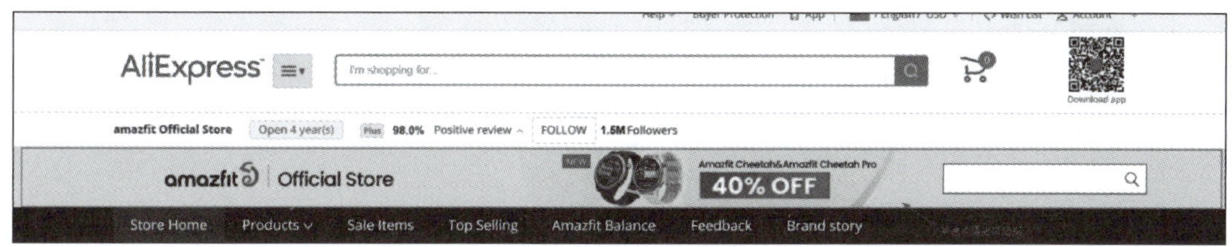

图 4–1–8　店招设计示例 1

为了树立店铺品牌形象并提升店铺档次，在设计店招时，需确保店招风格与导航条的风格保持统一。通过运用色彩、修饰元素以及保持风格的一致性，可以营造出视觉上的统一感，从而打造出独特的店铺装修风格。这样，消费者在短暂浏览店铺的过程中，就能对店铺产生深刻印象。以某亚马逊店铺为例，其店招设计采用了一张非常舒适的家居环境图片，色调简约淡雅，与店铺整体风格高度一致，给人留下深刻的印象，如图 4–1–9 所示。

图 4-1-9　店招设计示例 2

任务实训

实训目的：

掌握亚马逊店铺装修规则，特别是 logo 和店招的设计要求。

实训内容：

根据亚马逊店铺装修规则，完成亚马逊“JX Official Store”店铺的 logo 和店招设计。

实训步骤：

【步骤 1】设计店铺 logo，填写表 4-1-1。

表 4-1-1　店铺 logo 设计方案

logo 尺寸（px）	
logo 图片格式	
logo 设计思路	

续表

logo 设计思路	
logo 草图	

【步骤 2】明确亚马逊店铺店招的制作标准及设计思路，填写表 4-1-2。

表 4-1-2　店铺店招设计方案

店招尺寸（px）	
店招图片格式	
店招设计思路	

【步骤 3】准备店铺所需的图片素材。

根据实际情况，选取活动商品图片一张，使用 Photoshop 对其进行抠图备用（见图 4-1-10）。

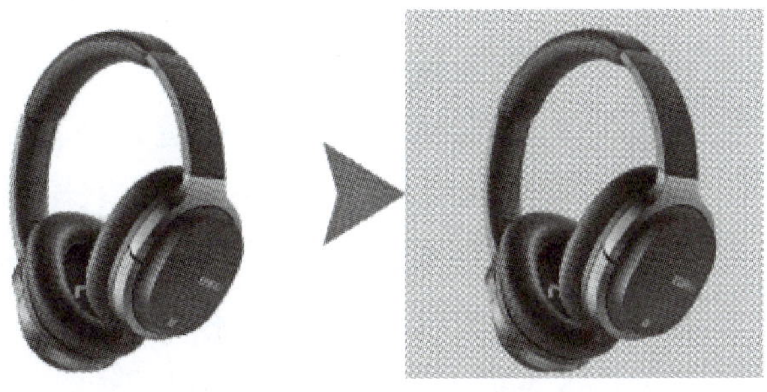

图 4-1-10　产品抠图示例

【步骤 4】使用 Photoshop 完成亚马逊店招的制作，保存为 PSD 和 JPG 两种格式。店招设计示例如图 4-1-11 所示。

图 4-1-11　店招设计示例

任务评价

学生完成自我小结并在表 4-1-3 中进行自评打分，教师根据学生表现进行点评并打分。最后按“自我评分 ×40%+ 教师评分 ×60%”的方法计算得分。

表 4-1-3　任务评价表

类别	评价内容	配分	自我评分	教师评分	得分
知识技能	了解店铺 logo 的类型	20			
	了解 banner 的设计规范	20			
	了解店招的设计规范	20			
职业素养	工作态度细致、认真、严谨	10			
	具备一定的团队合作和沟通能力	20			
	具备一定的创新能力	10			
合计					

思考与练习

1. 假设你要为一个主打年轻、时尚女装的新网店设计 logo，你会选择哪种类型的 logo，并说明你的设计思路。
2. 假设你要为一家销售户外用品的网店设计一张 banner 图，请描述你的设计思路，包括主体内容、色彩搭配、文案撰写等。
3. 分析一家你熟悉的网店店招，指出其在设计要点和视觉规范方面的优点和不足，并提出改进建议。

任务 2 店铺商品详情页设计与制作

任务情境

在 A 电商公司筹备亚马逊 Prime Day 活动期间，计划推出两款新品。李华所在的运营团队在收到供应商寄来的样品及商品参数后，随即安排人员进行商品图片的拍摄。现需依据跨境电商平台详情页图片的制作规范，为这两款商品制作商品详情页所需的商品图片及商品详情描述图片。制作完毕后，需将这些图片上传至店铺的图片空间，以供商品管理人员在商品发布时使用。

任务分析

商品详情页是决定客户是否会发起询盘的重要因素，因此，要提高商品详情页的转化率，就必须让商品详情页能激发买家的购买欲望。设计者在深入理解新产品特性和功能的基础上，需制作商品详情页所需的图片，并确保这些图片质量上乘，能有效地展示新产品的优点和特性，以吸引潜在买家的注意。在本任务中，我们将学习商品主图、商品辅图以及商品详情描述的设计规范。

相关知识

一、商品详情页的基本构成

商品详情是产品发布时必须填写的项目，此项目需要将买家关注的产品特色、功能、服务、包装及运输等信息通过页面的形式展示出来。其主要作用是让买家全面了解产品，同时商品详情页也是影响买家决定是否购买的重要因素。

商品详情页常见内容见表 4-2-1。

以上商品详情页的内容并非必须全部包含，而是需根据店铺产品的特性来定制。一般而言，商品详情页会涵盖产品介绍、产品尺寸、产品实拍图、产品细节图以及退换货政策等基本信息。对于服装类商品，特别需要制作尺码表，并提供测量建议，以帮助买家选择合适的尺码。而电子电器类产品，还需包含产品包装信息、维修或保养方法等。

表 4-2-1　商品详情页常见内容

序号	内容	序号	内容	序号	内容
1	商店公告	6	产品细节图	11	购物流程
2	相关营销信息	7	测量建议	12	付款方式
3	产品介绍	8	客户反馈	13	退换货政策
4	产品尺寸	9	物流信息和时效预估	14	维修 / 保养方式
5	产品实拍图	10	产品包装	15	品牌故事

总之，商品详情页是全面展示商品的重要渠道，是卖家与买家进行沟通、影响并说服买家下单的关键环节。能否将访客转化为实际客户，进而提高转化率，很大程度上取决于商品详情页中的商品描述质量。在进行商品详情页设计之前，首先要全方位了解自身产品，学会挖掘产品的卖点，并将这些卖点整理成资料文档备用；其次，要浏览同品类头部卖家的店铺，了解优秀同行是如何设计和展示产品卖点的；最后，要了解海外买家的浏览习惯，多参观一些海外优秀卖家的店铺，观察他们的展示方式，因为海外卖家通常更了解当地买家的购买心理与购买习惯，其展示方式也更符合海外买家的浏览习惯。

二、商品主图设计规范

商品的主要图片，称为主图。主图不仅显示在搜索结果和浏览页中，也是买家在商品详情页上看到的第一张图片。

无论是国内电商平台还是跨境电商平台，都将图片质量作为评判商品链接质量的重要标准。一张吸引眼球的商品主图能有效提升买家的关注度，增加商品链接的流量，提高商品成交的可能性。因此，主图设计既要能够展示商品的特点，又要具备一定的营销功能。商品主图的设计必须遵循平台的要求。

1. 图片背景纯净

背景相对纯净、元素较少的图片，能使买家的注意力更加集中，减少他们的视觉疲劳，因此更容易获得他们的好感。为此，大多数跨境电商平台都要求使用纯色背景，图片整体需和谐统一且具有美感。

全球速卖通平台要求背景底色为白色或纯色，图片要求无边框和水印，不允许拼图，品牌英文 logo 应统一放在左上角，图片主体比例要求占整个图片的 70% 以上，禁止出现任何形式的拼图，首图必须是产品正面图。

亚马逊平台的主图要求如下。

（1）主图应采用纯白色背景（RGB 色值为 255，255，255）。

（2）主图必须是实际商品的专业照片，不得是图形、插图、实物模型或占位符，且不得展示不出售的配件、可能令买家产生困惑的支撑物、不属于商品一部分的文字或标志 / 水印 / 内嵌图片（产品本身的 logo 除外）。

（3）图片最长边不应低于 1 600 px，以满足网站上的缩放功能要求。图片最长边不得超过 10 000 px。

（4）亚马逊接受 JPEG（.jpg）、TIFF（.tif）或 GIF（.gif）文件格式，但首选 JPEG（服务器不支持 .gif 格式的动图）。

（5）鞋靴主图片应采用单只鞋靴，呈 45 度角朝向左侧。

（6）女装和男装主图片应采用模特照。

（7）所有儿童和婴儿服装图片均应采用平放拍摄照（不借助模特）。

（8）主图中，产品要占据图片大约 85% 的空间，清晰可见，不得有马赛克或锯齿边缘。

（9）服装品类必须是正面站立的真人模特图，不能使用道具模型模特，不能是侧面、背面、多角度组合、坐姿图等，主图模特身上不能有非售物品，且不包含裸体信息等。

（10）耳环和项链等首饰不能使用模特图做主图，且耳环要成对出现。

2. 图片尺寸合规

全球速卖通商品主图尺寸建议在 800 px × 800 px（1∶1）以上，移动端主图尺寸建议为 750 px × 1 000 px（3∶4）。

亚马逊商品主图尺寸建议在 1 600 px × 1 600 px（1∶1）以上，移动端使用 1∶1.25 ~ 1.5 的图片比例，推荐尺寸为 1 200 px × 1 500 px 或 1 600 px × 2 000 px。

虾皮商品主图尺寸建议在 1 000 px × 1 000 px（1∶1）以上。

敦煌网商品主图尺寸建议在 800 px × 800 px（1∶1）以上。

主图首选 JPEG 格式图片，全球速卖通还可以使用 PNG 格式图片，亚马逊也可使用 TIFF 和 GIF 格式图片。

3. 图片上不要添加文字

国内电商主图通常会添加一些文字以强调卖点，但在跨境电商平台上最好不要出现文字。因此，当遇到供应商提供的商品图片带文字的情况时，需要使用修图软件去掉文字（见图 4-2-1）。

图 4-2-1 修图前后对比

4. 官方标志不能乱用

跨境电商平台的官方 logo 和标志不能随意使用，包括但不限于 AliExpress、eBay、Shopee 等。

5. 切勿盗图

商品图片受知识产权保护，任何平台都会严厉打击图片侵权行为，所有侵权的产品链接都会被下架。同时，如果与他人图片过于相似，也很容易被投诉。因此，在制作图片时最好多加入自己的创意和想法。

三、商品辅图设计规范

商品的附加图片被称为辅图（Other Image/Sub Image）。商品应配有一些附加图片，从不同角度来展示商品，展现主图中未显示的细节。辅图的设计尺寸一般与主图一致，但辅图中可以加入更多的设计元素，如图 4-2-2 所示。

1. 辅图的制作要点

辅图通常包括功能图、细节图及内部结构图、尺寸图、场景图、包装图等，如图 4-2-3 所示。

（1）功能图。一次性展现产品的所有功能及其属性，让客户对产品一目了然。

（2）细节图及内部结构图。放大产品中的某些小细节，让客户对产品能有更深层次的了解。另外，有些电子产品会展示内部结构图，这样既显得产品很高级，又会让客户对产品更加放心，如图 4-2-4 所示。

（3）尺寸图。通过观察平台发现，80% 的卖家会把产品的尺寸标注得特别清楚，但更建议用常见的物品作为参照物，这样看起来更直观，让人心里有数。

（4）场景图。赋予产品情境，让顾客有身临其境的感觉。

图 4-2-2　辅图示例

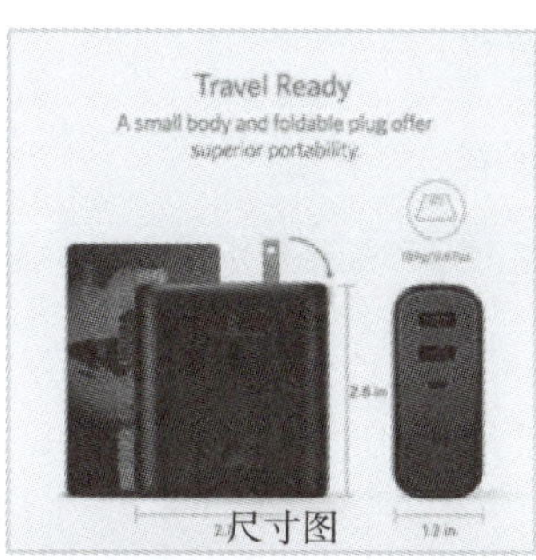

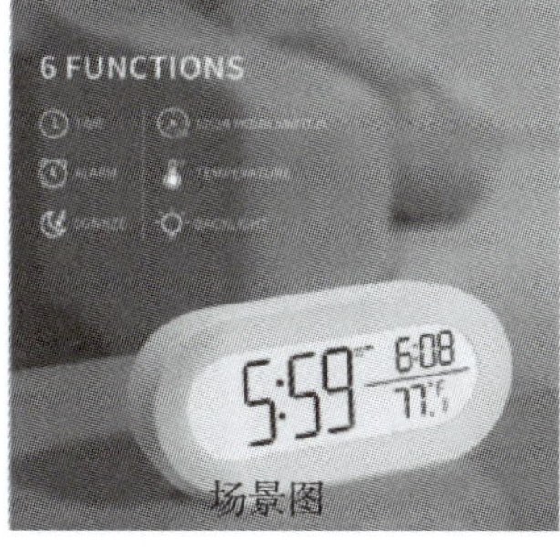

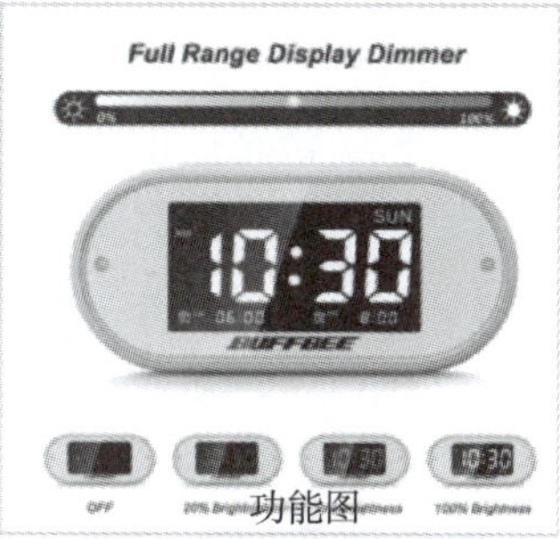

图 4-2-3　各类辅图

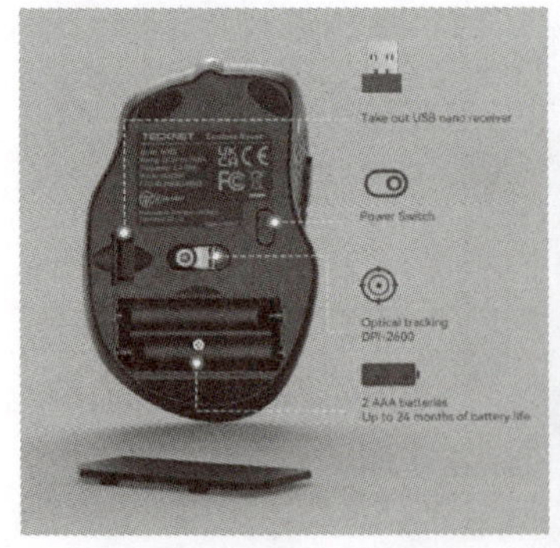

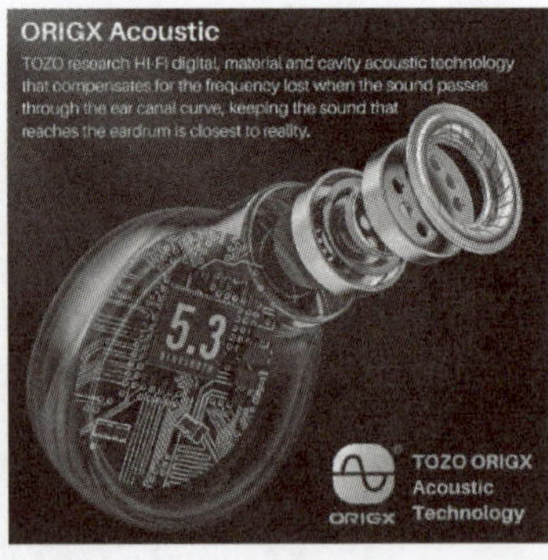

图 4-2-4　细节图及内部结构图

（5）包装图。如果自己的产品包装比较漂亮的话，建议放上去；反之，则不要放包装图，否则会适得其反。

2. 字体和字号的使用规范

根据图片的风格和产品的特点来进行字体的选择。一般常规的画面会选择无衬线体的字体来进行编辑，因为无衬线体的字体比较统一和规整，能让画面看起来不会杂乱。同时，一组产品图片中，字体不宜超过 2 种，字体颜色也不要超过 3 种。

字号没有统一的规范，但是主标题最好不要小于 72 px（字体太小会影响阅读），建议 90 ~ 100 px 都是比较合适的；副标题不要小于 36 px。

在设计撰写辅图文案时，要注意以下要点。

（1）以大写字母开头。

（2）句子结尾不使用标点符号。

（3）重申与商品名称及描述相关的重要信息（如适用）。

（4）使用阿拉伯数字（“2”而不是“two”）。

（5）拼写出测量单位（“6 inches”而不是“6”）。

（6）请勿使用符号，如 ~ ！ * $? _ ~ { } [ ] # <> | * ； / ^ ¬ ¦ 。

（7）请勿使用环境依存文字或颜文字。

（8）请勿包含商品价格或促销信息，如“打折”或“免运费”。

（9）请勿使用主观性评价用语，如“热门商品”或“Best Seller”。

（10）请勿在商品名称中包含卖家名称。

四、商品详情描述设计规范

商品详情是产品发布时必填的项目，此项目需要将顾客关注的产品特色、功能、服务、包装及运输等信息通过页面的形式展示出来，主要作用是让顾客全面了解产品，这也是影响买家决定是否购买的重要因素。

商品详情页文案里的关键词信息，对提高产品搜索流量匹配度有非常重要的作用。只要了解了买家的诉求，在商品详情页文案里逐个击破、层层递进，就能写出转化率较高的文案。精准的商品详情描述能增强顾客的购买欲望，加快顾客下单的速度。

在设计商品详情页文案时，应注意几点：①与店铺定位保持统一；②详细描述商品细节；③突出商品卖点；④介绍商品来源地；⑤阐述商品功效。

1. 商品详情描述文字制作

文字介绍是详情页中不可或缺的部分。虽然将文字直接附在图片上可以让买家看到，但图片上的文字无法被搜索引擎抓取，因此不利于买家搜索。同时，图片上的文字也无法随网页被自动翻译成各种语言。因此，商品详情页中应同时使用图片和文字两种形式来描述商品，以确保信息的全面性和可搜索性。

直接使用平台提供的“描述”选项卡或文字模块添加的文字详情描述，效果如图 4-2-5 所示。

可以使用 Dreamweaver 进行排版，将文字调整到合适大小，并将一些关键信息加粗，以突出重点。同时，可以将标题的字号进一步放大，改变文字的颜色，并将字体设置为斜体等。为了让标题和内容更容易区分，可以使用“增加缩进量”按钮将子级文案整体缩进。此外，也可以为标题文字添加一个自定义的背景色彩，这个颜色可以根据店铺的主色调来确定，以使文字排版更加美观，参考效果如图 4-2-6 所示。

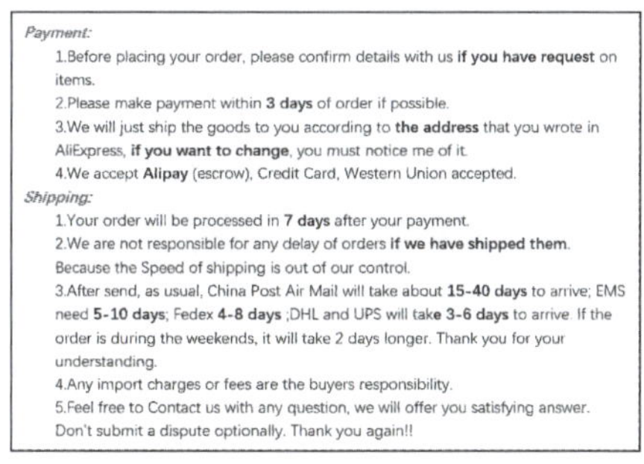

Payment:

1.Before placing your order, please confirm details with us **if you have request** on items.

2.Please make payment within **3 days** of order if possible.

3.We will just ship the goods to you according to **the address** that you wrote in AliExpress, **if you want to change**, you must notice me of it.

4.We accept **Alipay** (escrow), Credit Card, Western Union accepted.

Shipping:

1.Your order will be processed in **7 days** after your payment.

2.We are not responsible for any delay of orders **if we have shipped them**. Because the Speed of shipping is out of our control.

3.After send, as usual, China Post Air Mail will take about **15-40 days** to arrive; EMS need **5-10 days**; Fedex **4-8 days** ;DHL and UPS will take **3-6 days** to arrive. If the order is during the weekends, it will take 2 days longer. Thank you for your understanding.

4.Any import charges or fees are the buyers responsibility.

5.Feel free to Contact us with any question, we will offer you satisfying answer. Don't submit a dispute optionally. Thank you again!!

图 4-2-5　文字详情描述

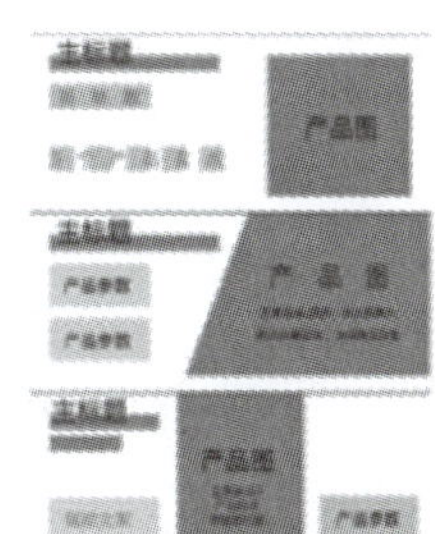

图 4-2-6　排版示例

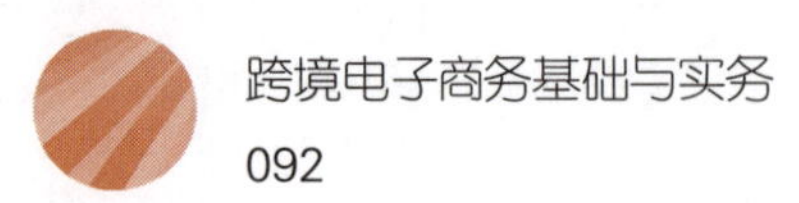

2. 商品详情图常用构图技巧

（1）左右构图。若产品在右侧，则文字放在左侧；若产品在左侧，则文字放在右侧。

（2）居中构图。采用标题在上方，图片在下方，两者居中对齐的形式。这种构图方式是目前各电商平台最为常用的一种布局形式，如图 4-2-7 所示。

图 4-2-7　居中构图示例

任务实训

实训目的：

掌握商品图片制作的基本流程和技巧。

实训内容：

填写商品图片制作需求单，明确设计要求和细节。使用专业软件制作商品的主图和辅图。保存图片为 PSD 和 JPG 两种格式，以满足不同使用场景的需求。

实训步骤：

【步骤 1】填写商品图片制作需求（见表 4-2-2）。

表 4-2-2　商品图片制作需求

品牌	产品类别	产品型号 & 尺寸	产品描述

续表

<table>
<tr><td colspan="6">设计作图总要求</td></tr>
<tr><td colspan="2">构图风格定位</td><td colspan="2">色调</td><td>字体要求</td><td colspan="2">对标品牌 / 产品</td></tr>
<tr><td colspan="2" rowspan="4"></td><td colspan="2" rowspan="4"></td><td rowspan="4"></td><td>名称</td><td>链接</td></tr>
<tr><td>1</td><td></td></tr>
<tr><td>2</td><td></td></tr>
<tr><td>3</td><td></td></tr>
<tr><td>商品图片</td><td>图片大小</td><td colspan="2">需要的元素和素材</td><td colspan="2">参考效果图</td><td>文案</td></tr>
<tr><td>主图</td><td></td><td colspan="2"></td><td colspan="2"></td><td></td></tr>
<tr><td>辅图 1</td><td></td><td colspan="2"></td><td colspan="2"></td><td></td></tr>
<tr><td>辅图 2</td><td></td><td colspan="2"></td><td colspan="2"></td><td></td></tr>
<tr><td>辅图 3</td><td></td><td colspan="2"></td><td colspan="2"></td><td></td></tr>
<tr><td>辅图 4</td><td></td><td colspan="2"></td><td colspan="2"></td><td></td></tr>
</table>

续表

商品图片	图片大小	需要的元素和素材	参考效果图	文案
辅图 5				
辅图 6				

【步骤 2】使用 Photoshop 软件或在线作图软件，完成主图和辅图制作（见图 4-2-8），保存为 PSD 和 JPG 两种格式。

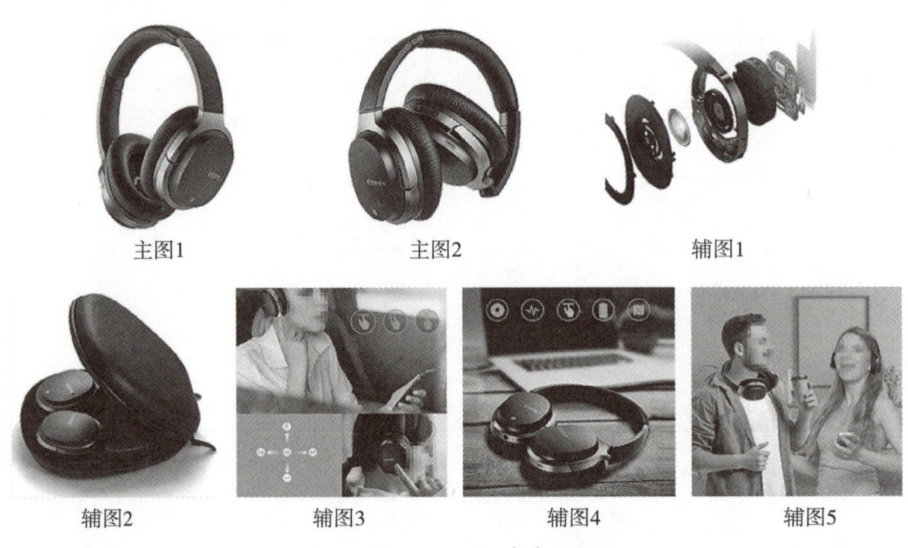

图 4-2-8　主辅图参考示例

任务评价

学生完成自我小结并在表 4-2-3 中进行自评打分，教师根据学生表现进行点评并打分。最后按“自我评分 ×40%+ 教师评分 ×60%”的方法计算得分。

表 4-2-3　任务评价表

类别	评价内容	配分	自我评分	教师评分	得分
知识技能	了解商品详情页的基本构成	15			
	了解商品主图设计规范	15			
	了解商品辅图设计规范	15			
	了解商品详情描述设计规范	15			
职业素养	工作态度细致、认真、严谨	10			
	具备一定的团队合作和沟通能力	20			
	具备一定的创新能力	10			
合计					

1. 描述制作一张既能展示商品特点又具有营销功能的主图的具体步骤和注意事项，包括色彩搭配、构图技巧、光线运用等方面。
2. 总结商品详情描述中文案写作的关键要点，并给出具体实例。

任务 3　店铺营销活动页设计与制作

任务情境

随着 10 月派对季大促的热烈启幕，李华所在的运营团队正紧锣密鼓地筹备全店铺范围的优惠促销活动。现需依据活动规划，精心设计促销活动页和品牌故事页两个关键页面。

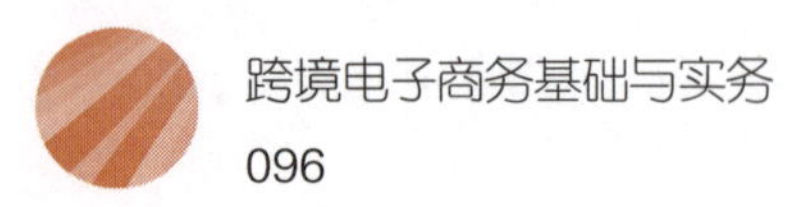

任务分析

促销活动页旨在清晰传达活动详情，包括活动时间、优惠券领取与使用规则，以及店铺平均客单价等重要信息；品牌故事页通过深入阐述公司发展历程、品牌核心价值观及产品独特卖点，进一步增强消费者对品牌的认知与信任。在本任务中，我们将学习这两个页面的设计技巧。

相关知识

一、促销活动页设计技巧

促销活动页是电商平台或店铺在特定节假日及促销期间精心策划的宣传页面，旨在吸引消费者关注并参与活动，从而促进商品销售。设计促销活动页有以下注意事项。

1. 凸显活动焦点

在页面顶部或视觉中心位置，应放置一张引人注目的大图并配以鲜明的标题，迅速捕获消费者的注意力。例如，某品牌在其提前进行的“黑色星期五”预热活动中，便在促销活动标题旁巧妙地融入了“hot”图标，有效激发了消费者的兴趣，如图 4–3–1 所示。

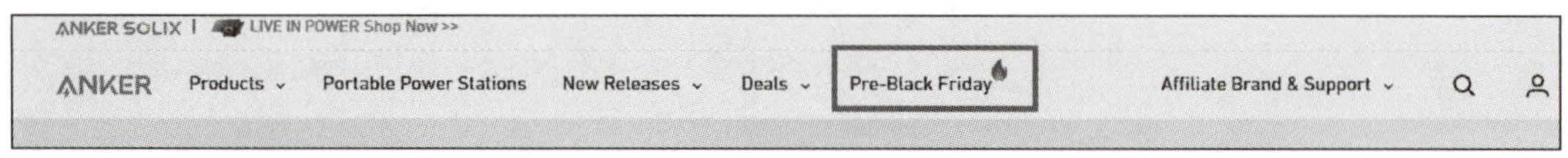

图 4–3–1　促销活动页示例 1

又如，在派对季大促期间，某品牌通过在其网站导航中添加特别的活动页面链接，并采用醒目的红色标注，结合主题鲜明的海报大图，进一步强化了活动的视觉冲击力，引导消费者轻松发现并访问活动页面，如图 4–3–2 所示。

2. 保持设计简洁

设计时应避免烦琐复杂，力求页面布局清晰、元素排列有序，确保消费者能够快速浏览并理解页面内容，提升用户体验。

3. 明确活动详情

在页面的显著位置，使用精练的语言概述活动主题、参与方式、优惠规则等关键信息，特别是要清晰标注促销的优惠力度，如具体折扣比例、满减条件、赠品详情等，

图 4-3-2 促销活动页示例 2

使消费者一目了然，便于快速决策。如图 4-3-3 所示页面，通过直观展示优惠信息，有效促进用户转化。

图 4-3-3 促销活动页示例 3

4. 限时促销与紧迫感营造

若促销活动设有时间限制，建议在页面中嵌入倒计时功能，以增强消费者的购买紧迫感，促使他们迅速作出购买决定，从而有效提升转化率，如图 4-3-4 所示。

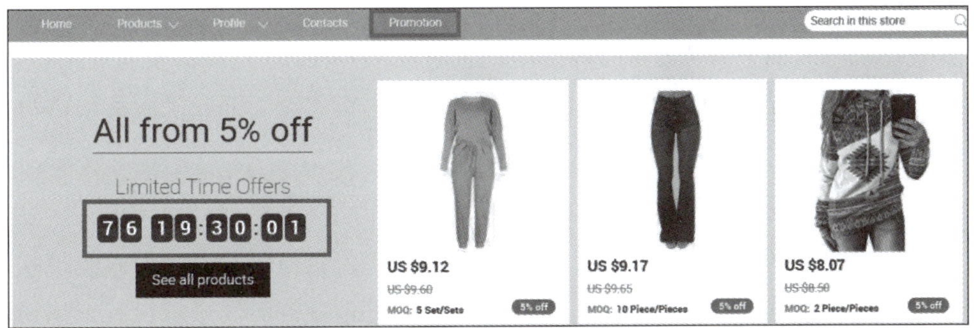

图 4-3-4 促销活动页示例 4

5. 优惠码与专属链接展示

若活动要求输入优惠码或通过特定链接参与，务必在页面显著位置以醒目的方式呈现这些信息，确保消费者能够轻松找到并快速使用，方便他们快捷地参与促销活动，如图 4–3–5 所示。

图 4–3–5　促销活动页示例 5

6. 精选商品推荐

在页面上精心挑选并推荐一系列特色商品或当前热销商品，通过展示这些商品的优势和吸引力，让消费者直观感受到参与促销所能获得的实际价值，从而激发他们的购买欲望，如图 4–3–6 所示。

图 4–3–6　促销活动页示例 6

7. 活动规则和说明

在页面底部或便于消费者查找的位置，清晰、详尽地列出活动的所有规则和说明，包括参与条件、奖品设置、兑奖方式等，确保每位消费者都能充分了解活动详情，避免因信息不明导致的误解或投诉，如图 4–3–7 所示。

8. 跨境购物提示

针对跨境电商的特殊性，提供全面的购物提示，包括但不限于关税政策说明、运费计算规则、预计送达时间范围等，以帮助用户更好地规划购物预算，减少购物过程中的不确定性，让跨境购物体验更加顺畅无忧。

Terms and Conditions

The "50% Off Every Second Purchase" promotion runs from Oct. 12th to Oct. 18th, 2023, and applies to all charging products. Please note: this offer cannot be combined with other individual product discounts. When purchasing three or more items, both the second item and the least expensive item in your cart will be priced at 50% off their original price.

图 4-3-7　促销活动页示例 7

二、品牌故事页设计技巧及制作要点

品牌故事是关于使命、愿景、价值观等的叙述，卖家需要更加关注产品质量和价值。买家购买商品时，不仅关注商品的品质和功效，更看重品牌的文化内涵。品牌中融入文化元素，能够塑造品牌自身特有的气质。

例如，如果产品水源来自喜马拉雅山，那么从水源地到消费者手中的那瓶水，在创造过程中经历了怎样的故事，以及获取过程有多么艰难，卖家要充分展现其珍贵性和稀缺性，以及它解决了用户的哪些需求。

无论是亚马逊还是全球速卖通，都非常注重品牌的发展，并为此专门设置了相应的模块。

1. 亚马逊平台品牌故事模块

亚马逊平台的品牌故事主要通过在详细信息页面中添加品牌专用位置来展示。通过引人注目的内容，在产品特点之外，突出品牌故事的要素，如图 4-3-8 所示。

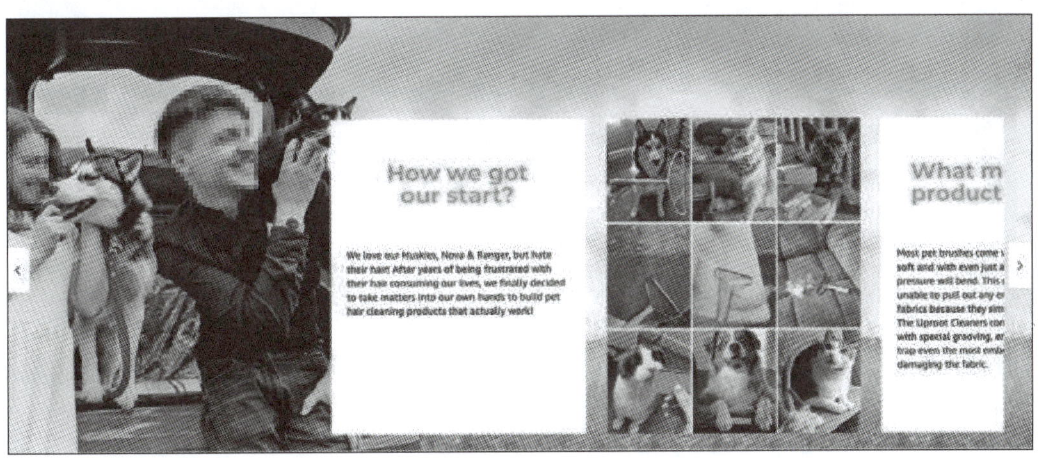

图 4-3-8　亚马逊平台品牌故事模块示例

在亚马逊平台，可以从以下四种模块中选择添加品牌故事：品牌卡片模块（logo+ 品牌简介）、商标卡片模块、品牌卡片媒体资产模块（人物 / 商品介绍）以及品牌卡片问答模块。

（1）品牌卡片模块（logo+ 品牌简介）。用于介绍卖家的品牌故事、创建者、发展过程、产品类别、核心理念等。此模块通常用于品牌故事的首个展示图表中。请注意，logo 的大小应为 315 px×145 px。在编辑时，左侧将显示品牌新闻的内容，右侧则展示列表页面的内容。

（2）商标卡片模块。每个卡片可展示 4 种产品。图片的尺寸要求为 166 px×182 px。此模块允许设置多个卡片，以便展示所有希望展示的产品。

（3）品牌卡片媒体资产模块（人物 / 商品介绍）。此卡片可用于展示品牌人物或商品，并附上简短的介绍。推荐使用具有吸引力的形象代言人，这比单纯的产品展示效果更佳。

（4）品牌卡片问答模块。每个卡片最多可设置 3 个问题，但至少需设置 1 个问题。3 个问题的答案均被限定在 600 个字符以内。可以从系统内建的问题中选择，也可以进行自定义设置。

如果是亚马逊品牌旗舰店，还可以为品牌故事新建一个单独的页面，并将其放置在导航栏上，以便将上述所有模块整合在一起进行展示，如图 4–3–9 所示。

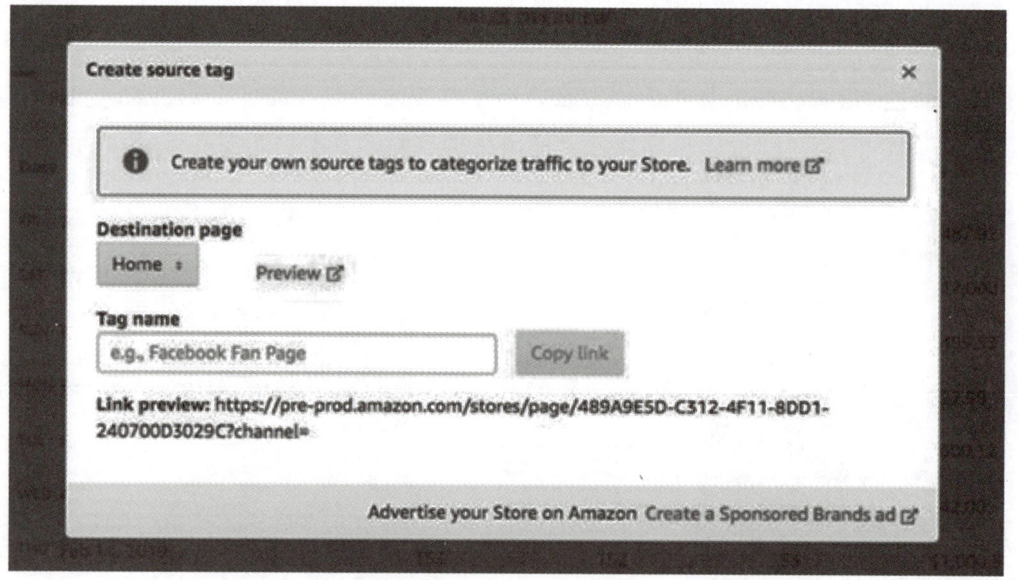

图 4–3–9　新建品牌故事页面

亚马逊平台也允许在商品详情页的 A+ 或高级 A+ 页面中添加品牌故事，如图 4–3–10 所示。品牌故事通常出现在“品牌来源”或“制造商来源”下的附加部分，有助于提升品牌认知度。买家对品牌越熟悉，购买品牌产品的可能性就越大。

图 4-3-10　A+ 页面品牌故事示例

2. 全球速卖通平台品牌故事模块

在全球速卖通平台，品牌故事是一个默认的独立页面。设置步骤如下。

（1）登录卖家后台，进入“店铺”—“店铺装修及管理”，选择“品牌故事页装修”。

（2）在品牌故事装修页面，输入氛围头图、品牌名称、品牌故事等信息。

（3）完成以上步骤后，可以点击“保存并预览”查看线上效果。如果满意，即可直接发布，并前往查看。

（4）发布完成后，刷新页面即可查看到品牌故事页面。

3. 品牌故事页的设计技巧

品牌故事页的设计技巧主要包括以下几个方面。

（1）明确品牌背景。在品牌故事页的最开始，需要清晰地介绍品牌的背景信息，包括品牌的起源、发展历程以及品牌文化等。这些信息能够帮助消费者更好地了解品牌，并对其产生认同感。同时，了解品牌的起源和发展历程，消费者能更好地理解品牌的定位和目标。品牌文化作为品牌故事的重要组成部分，也可以让消费者更好地了解品牌的价值观和经营理念。

（2）保持色调一致。品牌故事页的色调应与店铺的整体装修风格保持一致，以避免消费者在进入品牌页面后产生陌生感和反差感。因为品牌故事页主要是介绍品牌的来源，如果与店铺风格不一致，会显得不专业。

（3）设计简洁明了。品牌故事页的设计应简洁明了，既能概括主要信息，突出重点，又能彰显设计风格。

4. 品牌故事页制作演示

品牌故事页可以使用 Word 或 Dreamweaver 进行排版后上传，也可以直接在网站进行编辑。如果对 Photoshop 的使用还不熟悉，不妨尝试使用在线设计软件如创客贴、稿定设计、图怪兽等进行制作。

这里，我们选择使用稿定设计软件来进行制作。页面限定宽度为 750 px，高度不限。

（1）打开稿定设计，新建一张 750 px × 1 200 px 的画布。使用文字工具先输入标题，如图 4-3-11 所示。

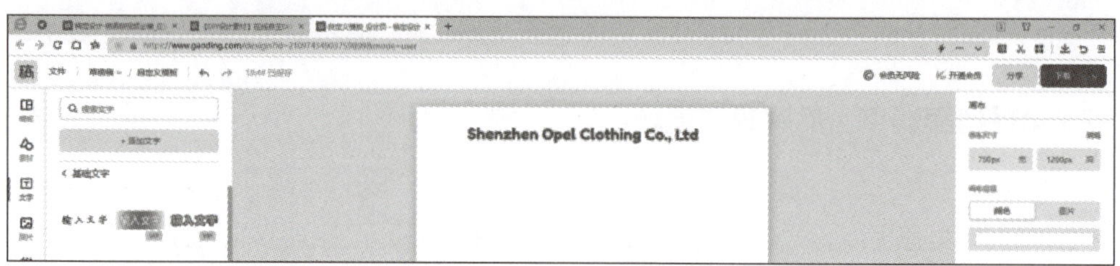

图 4-3-11　输入标题

（2）选择“组件”—“图例”—“图文排版”，在展开的图例样式中选择一个，按住鼠标左键拖动到画布中，然后对内容进行修改，如图 4-3-12 所示。

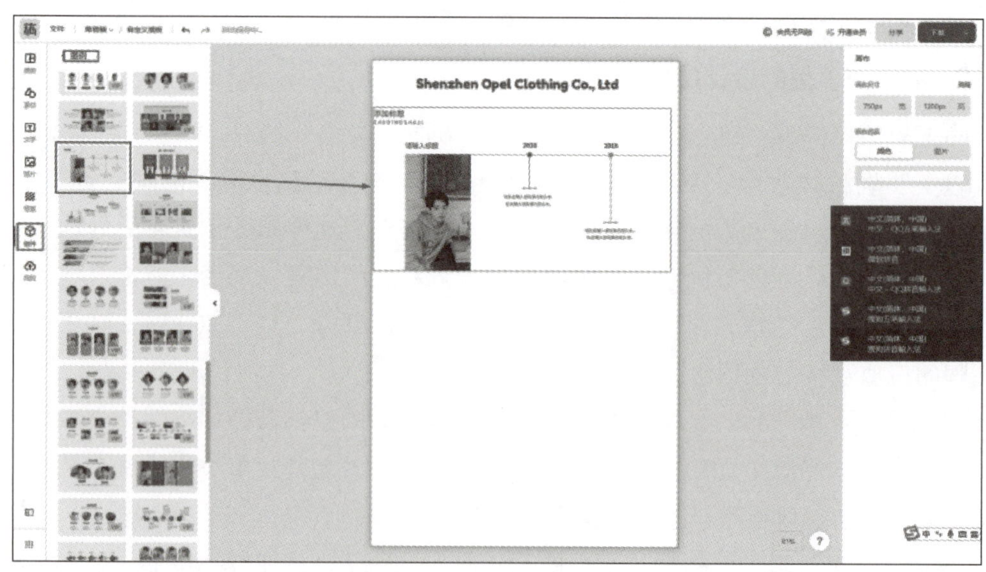

图 4-3-12　图文排版

（3）通过添加多个组件并进行修改，得到一张图文混排的品牌介绍图（见图 4-3-13），下载并保存。

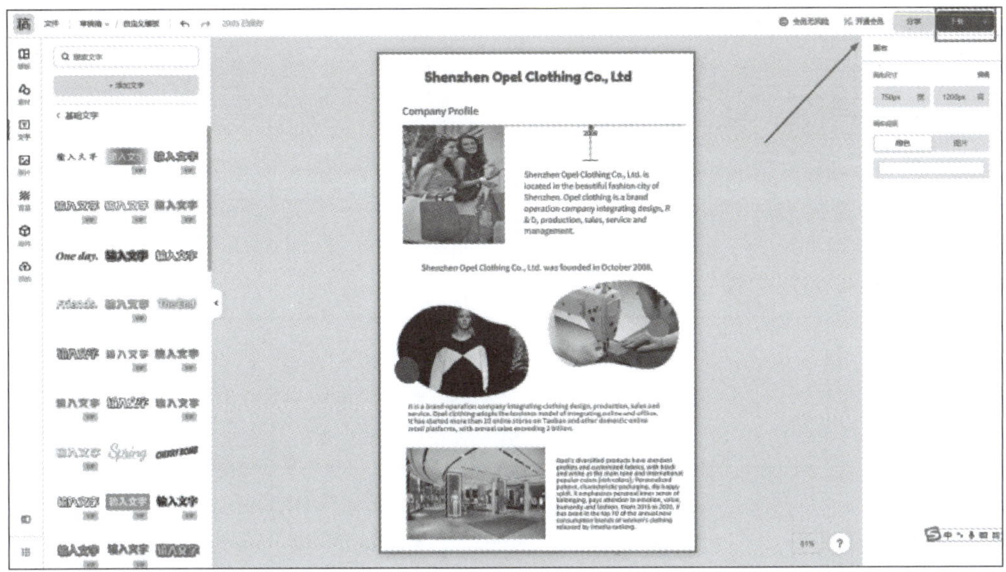

图 4-3-13　图文混排

（4）选择“文件”—“添加页面”，得到第二页，重复前两步操作（见图 4-3-14）。制作完成后，下载并保存。

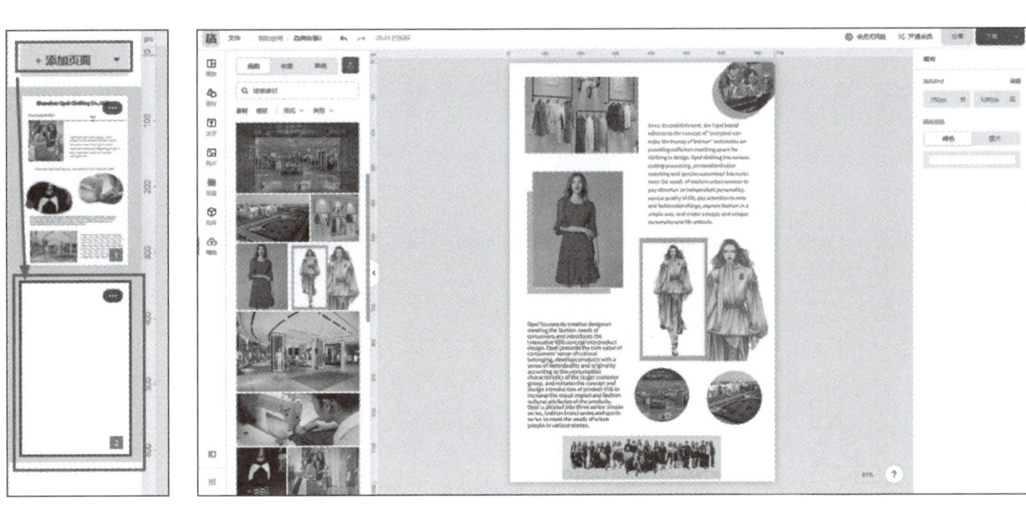

图 4-3-14　制作第二页

任务实训

实训目的：

掌握品牌故事页的设计与制作技巧，能够结合品牌文化，独立完成品牌故事页的设计与制作。

实训内容：

请任选某一品牌，制作品牌故事页。

实训步骤：

【步骤 1】填写表 4-3-1。

表 4-3-1　品牌故事页设计需求表

设计内容		使用平台	
店铺链接		参考链接	
品牌信息		尺寸要求	
品牌优势		图片数量	
产品介绍		构图风格	
其他资料		配色	
页尾内容		字体	

【步骤 2】根据填写好的品牌故事页设计需求表，整理出所需的文案和素材，包括品牌介绍、产品图片、优势说明等，为后续的品牌故事页制作做好准备。

【步骤 3】使用 Photoshop 或其他设计软件，根据需求表的要求和整理好的文案素材，完成品牌故事页的制作。注意页面设计的美观，品牌文化的明确表达和吸引力。

【步骤 4】进入店铺后台，使用添加模块功能，将制作好的品牌故事页图片上传到后台并进行装修和调整，以确保页面的整体效果和用户体验良好。

【步骤 5】装修完成后，选择发布品牌故事页并检查发布后的效果，确保页面显示正常，无错误或遗漏，如图 4-3-15 所示。同时，可以邀请同学或教师进行浏览和反馈，以便进一步优化和完善品牌故事页的设计与制作。

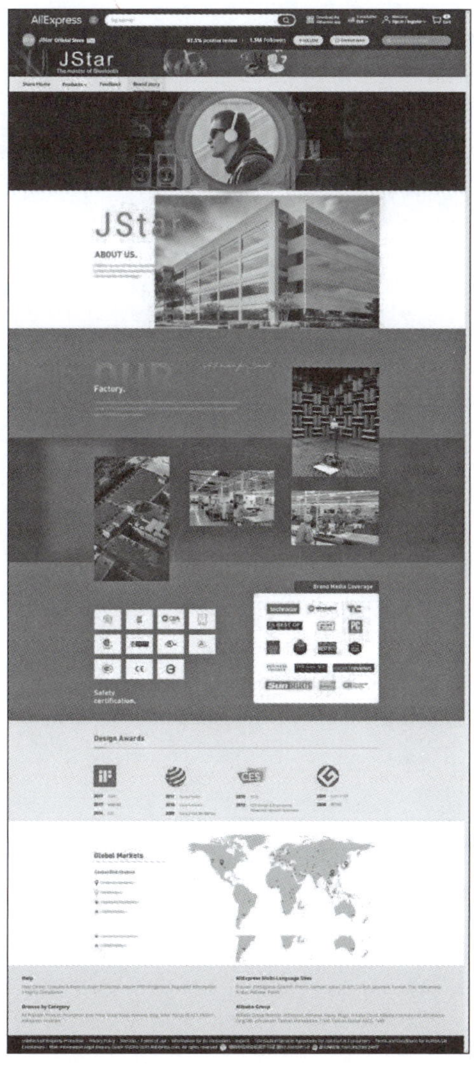

图 4-3-15　品牌故事页发布效果示例

任务评价

学生完成自我小结并在表 4-3-2 中进行自评打分，教师根据学生表现进行点评并打分。最后按“自我评分 ×40%+ 教师评分 ×60%”的方法计算得分。

表 4-3-2　任务评价表

类别	评价内容	配分	自我评分	教师评分	得分
知识技能	掌握促销活动页的设计技巧	30			
	掌握品牌故事页的设计技巧	30			
职业素养	工作态度细致、认真、严谨	10			
	具备一定的团队合作和沟通能力	20			
	具备一定的创新能力	10			
合计					

思考与练习

假设你是一家跨境电商公司的市场部员工，公司即将举办一场大型促销活动。你的任务是设计一个促销活动页，以吸引并引导消费者参与活动，并最终促成其产生购买行为。请结合所学要点，详细规划你的促销活动页设计。

项目五 跨境电商营销推广

项目概述

在完成店铺的基础建设之后，接下来需要进行店铺引流，也就是营销推广。营销推广可分为站内推广和站外推广两种，在进行推广前，还需要制定店铺的营销推广策划方案。通过站内和站外推广的不断优化，提升营销推广效果，进而提高产品的曝光度、销售额和客户转化率。营销推广还能帮助企业树立品牌形象，提升品牌知名度和美誉度。

学习目标

知识目标

1. 了解全球速卖通站内营销推广。
2. 熟悉阿里巴巴国际站付费推广。
3. 了解搜索引擎营销推广。
4. 了解电子邮件营销推广。
5. 了解海外社交媒体营销推广。

技能目标

能够选择合适的工具进行站内外营销推广。

素养目标

1. 培养统筹规划意识、成本意识和全局意识。

2. 培养诚实守信、遵纪守法的职业道德。
3. 培养互联网思维和创新思维。

任务 1 跨境电商站内营销推广

任务情境

进入 9 月，李华所在的部门变得异常繁忙。为了迎接即将到来的一系列节日，部门计划开展一系列站内营销推广活动。制定完活动方案后，李华及其运营团队准备为全球速卖通店铺进行站内营销推广，以提升网站排名，获取更多流量和曝光量。那么，他们应该如何行动呢?

任务分析

站内营销是指在店铺所在的平台内部，利用平台提供的营销工具进行店铺的营销和推广活动。有效的站内营销可以提升店铺的知名度，增加店铺的订单量，并使店铺在搜索结果中排名更靠前。在本任务中，我们将学习全球速卖通站内营销推广和阿里巴巴国际站付费推广的方法和技巧。

相关知识

跨境电商平台站内营销推广被视为一种直接且有效的营销方式。卖家可以充分利用站内营销工具，使商品在平台内获得直接展示，从而实现商品及店铺的引流与推广。

一、全球速卖通站内营销推广

1. 店铺自主营销

店铺活动是指由卖家自主发起的促销活动，卖家可自由选择时间段、产品及促销形式来开展店铺活动。常见的店铺活动类型包括单品折扣、满减活动、店铺优惠券、搭配活动等。

“速卖通大促”是全球速卖通“全网大促销”的简称。自 2014 年起，全球速卖通每年组织 3 次大促活动，分别在 3 月、8 月和 11 月发布上线。全球速卖通大促活动集聚平台全部力量，引入海量新流量，发放百万优惠券，组织上千万优惠商品，以吸引

消费者集中消费，为卖家和平台带来交易额的跨越式提升。很多卖家会通过全球速卖通大促活动开展店铺促销活动，这些活动可以从全球速卖通卖家后台进入查看，如图 5-1-1 所示。

图 5-1-1 全球速卖通营销活动

2. 全球速卖通直通车推广

全球速卖通直通车，又称 P4P（Pay for Performance）广告，是全球速卖通卖家自主设置多维度关键词的一种广告模式。在此模式下，平台会免费展示商品信息，通过大量曝光商品来吸引潜在买家，并按照点击次数进行付费。简而言之，全球速卖通直通车是一种快速提升店铺流量的营销工具。

（1）全球速卖通直通车展示位。全球速卖通直通车在 PC 端和移动端的展示位有所不同。在 PC 端，全球速卖通直通车的展示位主要位于主搜页和搜索页底部的智能推荐位。具体而言，在主搜页中，每页展示 60 个商品，从第 5 个商品展示位开始，每隔 4 个商品展示位就会设置一个全球速卖通直通车推广位，如图 5-1-2 所示。

在移动端，主搜页中每页展示 20 个商品。在第一页中，从第 3 个商品展示位开始，每隔 8 个商品展示位设置一个全球速卖通直通车推广位，即第 3、11、19 位为直通车的展示位置。而从第二页开始，全球速卖通直通车的展示位则位于第 6、16 位。需要注意的是，全球速卖通直通车的具体展示位会随着商品的更新和变化而有所调整。

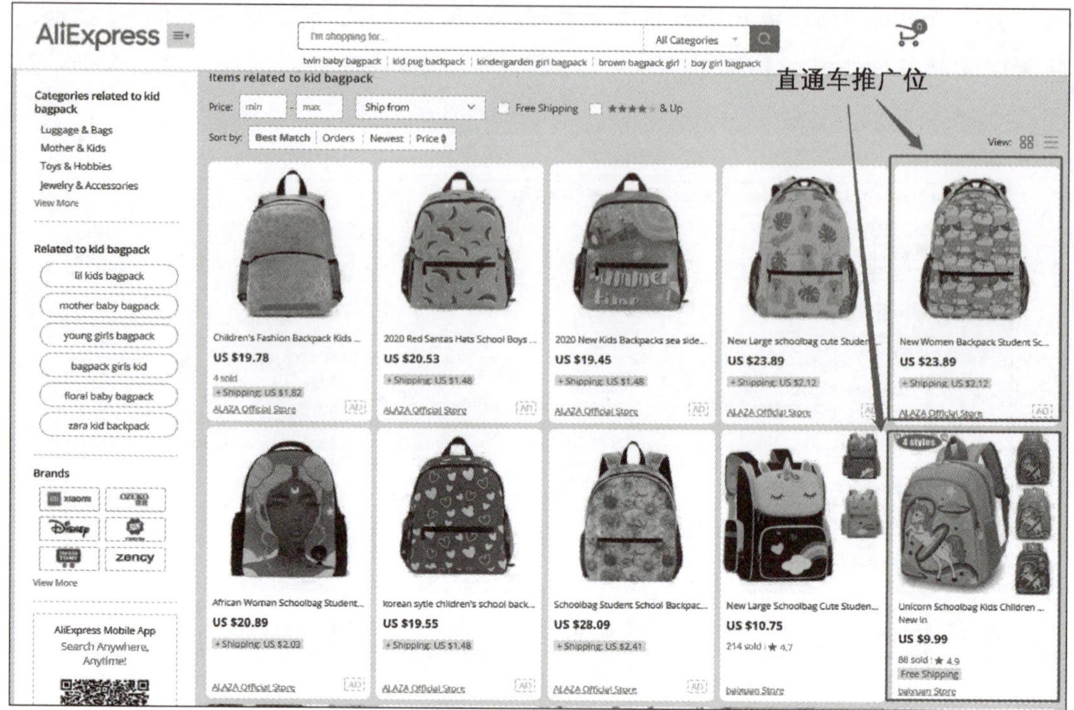

图 5-1-2　PC 端主搜页的全球速卖通直通车展示位

（2）全球速卖通直通车排序规则。全球速卖通直通车的排序主要取决于其投放方式。目前，全球速卖通直通车主要提供关键词投放和商品推荐投放两种排序方式。关键词投放排序与推广评分和关键词出价密切相关，推广评分与关键词出价越高，关键词投放排名靠前的机会就越大。商品推荐投放排序则与商品的信息质量、商品推荐出价以及商品能否满足浏览买家的潜在需求有关。商品的信息质量越高，商品推荐出价越高，且商品与买家的潜在需求越匹配，商品推荐投放排名靠前的机会也越大。

（3）全球速卖通直通车扣费规则。全球速卖通直通车采取按点击计费的方式。当买家搜索关键词，且卖家设置的推广商品符合全球速卖通直通车的展示条件时，卖家的推广商品就会在相应的全球速卖通直通车展示位上出现。但只有当买家实际点击了卖家推广的商品时，才会进行扣费。若买家仅浏览而未点击查看推广商品，则不会扣费。点击计费的具体金额受推广评分和关键词设定出价的影响，但扣费金额不会超过卖家为关键词所设定的出价。卖家的推广商品与相关关键词的推广评分越高，其每次点击所需付出的费用就越低。

（4）全球速卖通直通车推广计划的类型。全球速卖通直通车推广计划主要分为重点推广计划和快捷推广计划两种类型。这两种计划的特点、优势及适用的商品见表 5-1-1。

表 5-1-1　全球速卖通直通车推广计划的类型

推广计划	特点	优势	适用的商品
重点推广计划	卖家最多可以创建10个重点推广计划，每个计划最多包含100个单元，每个单元可以选择1个商品，具有独特创意推广等功能	此计划可以帮助卖家更好地打造爆款商品，通过独特的创意和推广策略提升商品曝光度和销量	重点推广计划适用于市场上热销或自身带有销量和价格优势的商品。建议卖家优先选择这些商品进行推广，可参考商品分析中的成交转化率、搜索点击率等数据来作出决策
快捷推广计划	卖家最多可以创建30个快捷推广计划，每个计划最多包含100个商品和20 000个关键词，具有批量选词、出价等功能	此计划可以帮助卖家更加快速地推广多个商品，通过批量选词和出价等功能捕捉更多的流量，提高商品的曝光度和销量	快捷推广计划适用于普通商品的批量推广

在全球速卖通直通车推广过程中，部分卖家可能会面临推广效果不佳的困境：尽管已经开通了全球速卖通直通车，但商品的曝光量却不足；即使有一定的曝光量，点击率也偏低；更有甚者，即便曝光量和点击率都有所提升，但转化率仍然不高。这些问题的根源在于卖家尚未掌握全球速卖通直通车优化推广的技巧。

（5）全球速卖通直通车的推广策略包括以下几种。

1）优化选品策略。具有优势的商品更容易获得买家的青睐。在选择全球速卖通直通车的推广商品时，可参考以下四个因素。

①销量或收藏量大的商品。已经具有一定销量或收藏量的商品，更容易赢得买家的信任。

②转化率高的商品。店铺内转化率高的商品更容易吸引买家的关注。

③有独家货源且保持基本销量的商品。选择货源充足的商品，以避免因销量过高而导致缺货情况的出现。

④利润和价格相对有优势的商品。选择利润和价格相对有优势的商品，可以确保赚回推广费用。

2）提升关键词与推广商品的相关性。卖家可采用两种方法来提升关键词与推广商品的相关性。

①提高关键词与商品名称及描述的相关程度。

②提升关键词与商品类目及属性的匹配程度。

3）设置准确、优质的标题。准确且优质的标题有助于提高关键词的推广评分，从而提升点击率。标题应符合英文语法规范，简洁明了，将重要属性、买家关注点和商品卖点置于标题前端。

4）确保商品图片质量。商品图片应清晰、美观，让买家一眼就能看清商品，从而激发其购买欲望。为了美观或避免图片被盗用，可以在图片上添加水印，但水印不宜过于明显，以免影响图片的整体美感。

通过以上策略，卖家可以提升全球速卖通直通车的转化率，实现更优质的推广效果。

二、阿里巴巴国际站付费推广

阿里巴巴国际站付费推广主要指的是外贸直通车。外贸直通车是阿里巴巴国际站为卖家提供的一种按点击扣费的营销推广工具。卖家可以自主选择充值金额，自主设置推广预算和推广方案。

1. 外贸直通车的展示位置

在 PC 端，外贸直通车的展示位置主要有两个：一是搜索结果页面第一页的第 1 至第 6 个位置，这些位置带有“Ad”字样，如图 5–1–3 所示；二是搜索结果页面下方区域的“Premium Related Products”（相关优质商品）展示位置，这个区域可以翻页，页数不限，如图 5–1–4 所示。

在移动端，每个外贸直通车商品之后会跟随 3 个自然搜索的商品，即每两个外贸直通车商品之间会插入 3 个自然搜索的商品，最多可呈现 10 个外贸直通车商品。

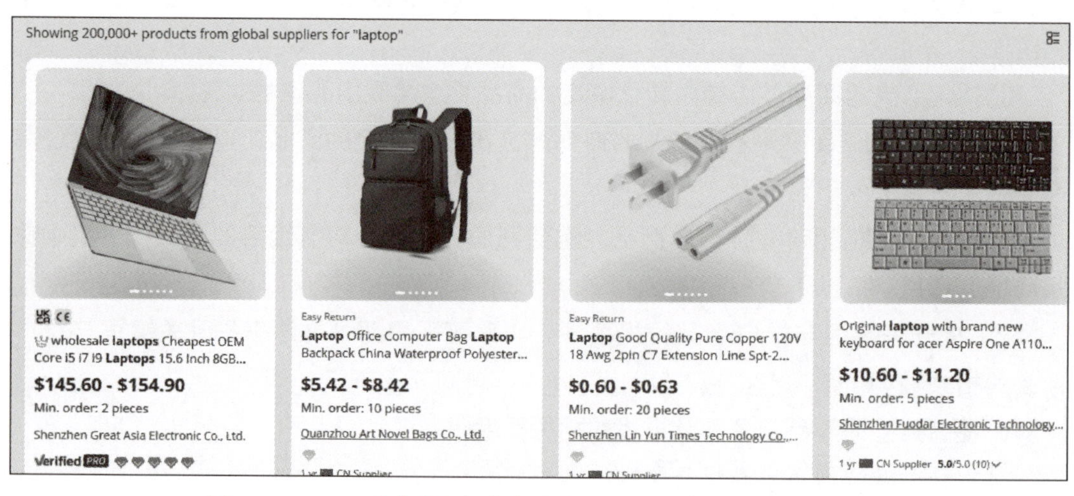

图 5–1–3　PC 端外贸直通车在搜索结果页面第一页的展示位置

图 5-1-4　PC 端外贸直通车在“Premium Related Products”的展示位置

2. 外贸直通车扣费和排序规则

外贸直通车按照点击扣费，只有当广告被点击时才会产生费用，广告曝光本身不扣费。

外贸直通车点击价格即点击扣费的计算公式：外贸直通车点击价格 =（下一名卖家的出价 × 下一名卖家的推广评分）/ 卖家自身的推广评分 +0.01 元

由外贸直通车点击价格的计算公式可知，卖家的推广评分越高，所需付出的费用就越低。

在外贸直通车中，影响广告排序的因素主要有推广评分和出价。排序分越高，外贸直通车广告的排名越靠前。

广告排序分的计算公式：排序分 = 推广评分 × 出价

推广评分是系统估算的一种相对值，它主要受商品的信息质量、关键词和产品的相关程度、买家的喜好度等因素的影响。

例如，4 个卖家分别为自己店铺中的一款商品投放了外贸直通车，4 款商品的推广评分和出价见表 5-1-2。

表 5-1-2　4 款商品的推广评分和出价

卖家	商品	推广评分	出价（元）	排序分	排名
卖家 1	A	10	6	60	1
卖家 2	B	4	6	24	3
卖家 3	C	8	4	32	2
卖家 4	D	8	2	16	4

在外贸直通车广告系统中，除了出价之外，推广评分也是决定广告排名的重要因素。推广评分较高的卖家可以获得更低的点击价格和更靠前的广告排名，从而增加商

品的曝光机会和潜在销量。具体来说，在出价相同的情况下，推广评分更高的卖家将享有更低的点击价格以及更优越的广告位置。例如，甲、乙两个卖家出价相同，但由于甲的推广评分更高，因此甲的外贸直通车点击价格会低于乙，并且其广告会排在更靠前的位置。另外，如果推广评分相同，那么出价更高的卖家将获得更靠前的广告排名。比如丙、丁两个卖家，他们的推广评分相同，但丙的出价高于丁，因此丙的外贸直通车广告会排在丁之前。

3. 运营外贸直通车的要点

（1）合理规划推广计划。一个外贸直通车账号可以创建多个推广计划，卖家应根据自身的营销策略和商品属性来合理安排。例如，可以根据主营市场的季节变化，将推广计划分为春季、夏季、秋季和冬季等；或者根据商品的销量表现，分为主推商品计划和辅推商品计划。

（2）合理设定出价。新手卖家在设定关键词出价时，建议从低价开始，逐步加价，同时根据广告的点击情况灵活调整出价策略。如果希望快速获取流量，可以考虑购买那些精准且流量大的关键词。如果推广评分较高，可以将出价设定为行业均价的1～1.2倍；如果推广评分较低，则可以将出价设定为行业均价的1.5～2倍。

（3）优化推广商品。卖家需要密切关注那些曝光度高的关键词推广商品，并对其进行优化。首先，应优化商品的推广标题和图片，以提升买家的点击欲望；其次，应优化商品详情页，以延长买家在页面的停留时间，并提高他们的购买欲望。

任务实训

实训目的：

掌握全球速卖通直通车推广的设置方法。

实训内容：

根据给定的直通车推广计划（见表5-1-3），登录全球速卖通后台，完成全球速卖通直通车推广的设置。

表5-1-3　全球速卖通直通车推广计划

推广商品ID	推广方式	计划推广名称	每日预算（元）	添加关键词数	设置核心国家溢价	设置人群溢价
4002003001	重点推广	儿童双肩包A款	60	10	俄罗斯溢价200%	200%
4002003002	快捷推广	儿童双肩包B款	50	15	德国溢价200%	200%

实训步骤：

【步骤 1】登录全球速卖通后台。选择“营销活动”—“直通车”，点击“新增推广计划”，创建新的直通车推广活动，如图 5-1-5 所示。在弹出的页面中添加需要推广的商品，填写推广商品的 ID，如图 5-1-6 所示。

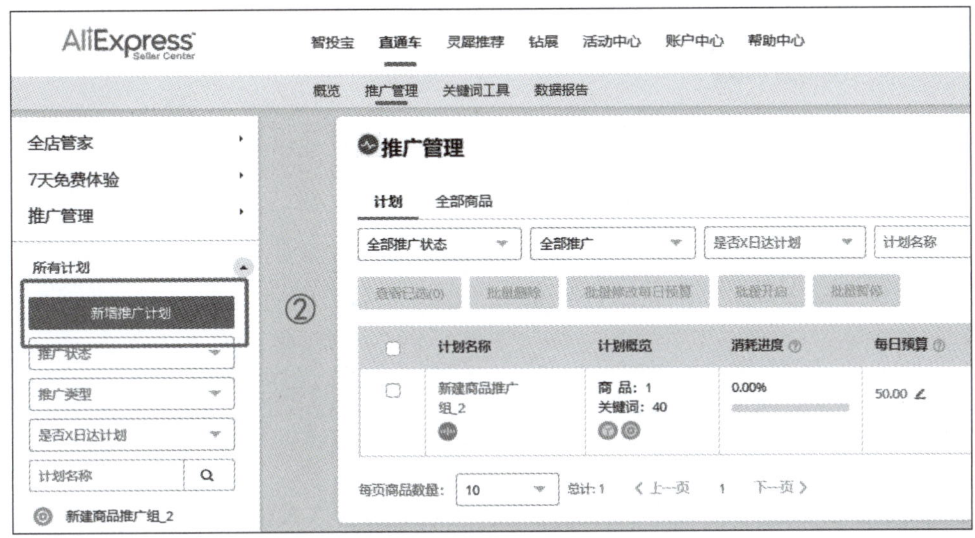

图 5-1-5　新增推广计划

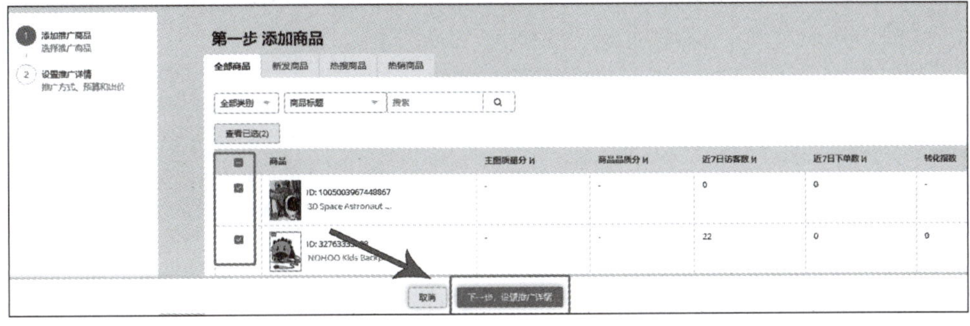

图 5-1-6　添加推广商品

【步骤 2】设置推广方式。根据任务要求，选择合适的推广方式。本任务中涉及“重点推广”和“快捷推广”两种方式。对于商品 ID 为 4002003001 的儿童双肩包 A 款，选择“重点推广”方式。对于商品 ID 为 4002003002 的儿童双肩包 B 款，选择“快捷推广”方式。

【步骤 3】完成推广设置。第一，设置每日预算。为儿童双肩包 A 款，设置每日预算为 60 元；为儿童双肩包 B 款，设置每日预算为 50 元。第二，添加关键词数。根据商品特点，为每款商品添加适量的关键词。为儿童双肩包 A 款添加 10 个关键词，为

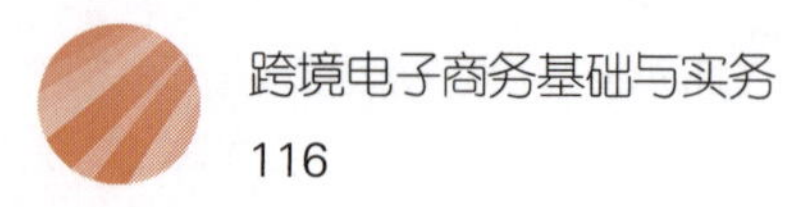

儿童双肩包 B 款添加 15 个关键词。第三，设置核心国家溢价。为儿童双肩包 A 款，设置俄罗斯溢价为 200%；为儿童双肩包 B 款，设置德国溢价为 200%。第四，设置人群溢价。对于两款商品，均设置人群溢价为 200%，如图 5-1-7 所示。

人群溢价设置

推荐人群：☑ 同类店铺加购 ☑ 同类店铺购买 ☑ 同类店铺访问 ☑ 同类店铺收藏

添加人群标签

人群	覆盖人群数量	溢价	建议溢价	操作
同类店铺加购	--	200 %	200%	删除
同类店铺购买	--	200 %	200%	删除
同类店铺访问	--	200 %	200%	删除
同类店铺收藏	--	200 %	200%	删除

图 5-1-7　设置人群溢价

【步骤 4】提交推广并观察效果。完成所有设置后，点击提交，将推广计划提交到全球速卖通平台进行审核。审核通过后，可以在“计划详情”页面查看推广的数据和效果，包括曝光量、点击量、点击率、转化率等指标，如图 5-1-8 所示。根据推广效果进行实时调整和优化，以增加商品的销量和曝光量。

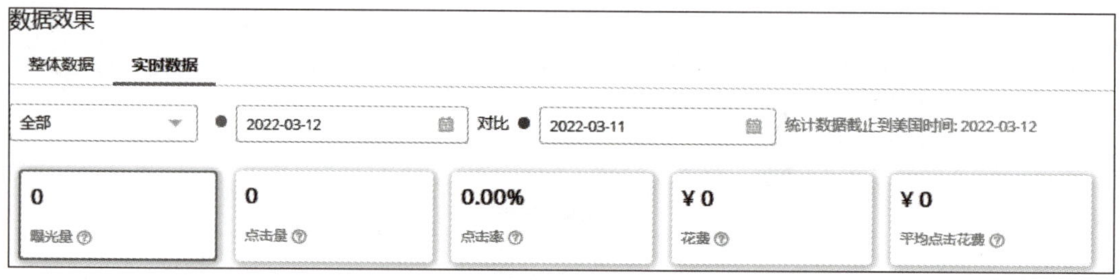

图 5-1-8　查看推广效果

任务评价

学生完成自我小结并在表 5-1-4 中进行自评打分，教师根据学生表现进行点评并打分。最后按“自我评分 ×40%+ 教师评分 ×60%”的方法计算得分。

表 5-1-4 任务评价表

类别	评价内容	配分	自我评分	教师评分	得分
知识技能	了解全球速卖通站内营销推广	30			
	了解阿里巴巴国际站付费推广	30			
职业素养	工作态度细致、认真、严谨	10			
	具备一定的团队合作和沟通能力	20			
	具备一定的创新能力	10			
合计					

思考与练习

1. 假设你是一个全球速卖通平台卖家，计划通过直通车推广一款新商品。请列出至少三个优化策略，以提高该商品的曝光度和点击率。
2. 在阿里巴巴国际站的外贸直通车广告系统中，卖家 A 和卖家 B 分别投放了广告。卖家 A 的推广评分为 8，出价为 5 元；卖家 B 的推广评分为 6，出价为 6 元。请计算两位卖家的排序分，并判断哪位卖家的广告排名会更靠前。同时，简要说明这一结果对卖家广告策略的影响。

任务 2 跨境电商站外营销推广

任务情境

李华所在 A 电商公司的全球速卖通店铺近期上新了 10 款新品，经理交给他一项新任务：进行店铺站外引流，积极推广新品，以提高产品的曝光量、增加店铺商品浏览量，并有效引导客户成功下单，从而促进销售。那么，如何做好店铺站外的营销推广呢？

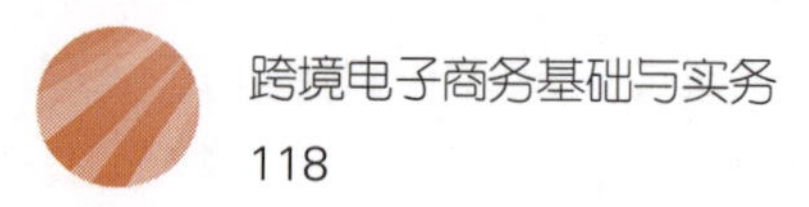

任务分析

利用站外营销工具进行有效的引流推广以提升转化率，是跨境电商卖家必须掌握的营销策略。要做好站外营销推广，卖家需要根据店铺的经营目标，精心选定推广平台，并最终针对目标用户群体开展有针对性的推广活动。在本任务中，我们将学习搜索引擎营销推广、电子邮件营销推广以及海外社交媒体营销推广的方法。

相关知识

一、搜索引擎营销推广

搜索引擎营销是指企业利用搜索引擎工具，依据用户使用搜索引擎的习惯，在用户检索信息时，结合一系列技术和策略，将更多企业信息展示给目标客户，以实现盈利的一种网络营销方式。随着信息技术的发展，搜索引擎营销因其低成本、高效率的优势，越来越受到跨境电商卖家的青睐，逐渐成为开展站外营销的主流方式之一。

搜索引擎竞价排名是搜索引擎推广的一种重要方式，用户需付费给搜索引擎以确保其网站能被收录，且付费越高，其发布的内容在搜索引擎搜索结果页面中的排名就越靠前。具体来说，用户为自己的网页购买关键字排名，搜索引擎则按照点击次数进行计费。用户可以通过调整每次点击的付费价格来控制自己在特定关键词搜索结果页面中的排名，并可以通过设定不同的关键词来吸引不同类型的目标访问者。

1. 搜索引擎竞价排名的特点

（1）按效果付费，推广成本相对较低。

（2）卖家可以设定和控制广告出价及推广费用。

（3）竞价结果会出现在搜索结果页面中，与用户搜索内容紧密相关，从而使得推广更加精准。若卖家出价高，竞价结果将出现在搜索结果页面靠前的位置，从而更容易引起用户的关注和点击。

（4）卖家可以对广告的点击情况进行统计分析，进而优化竞价排名出价策略。

2. 选择关键词

在进行竞价排名的关键词选择前，卖家需明确关键词的作用是寻找和定位潜在买家，因此关键词应根据潜在买家的搜索习惯进行选择。首先，从潜在买家的搜索习惯出发，全方位寻找与商品相关的关键词；其次，依据内容为王，从商品或服务的特点

出发寻找核心关键词；最后，深入挖掘目标买家的需求、偏好和兴趣，以拓展潜在的核心关键词。

在搜集了一定规模的核心关键词后，商家可以运用诸如谷歌关键词等数据分析工具，对这些核心关键词进行深入分析（见图 5-2-1）。分析内容应涵盖关键词的搜索量、热度、变化趋势、主要搜索人群，以及搜索这些关键词的商家还关注了哪些相关词等，从而为确立核心关键词提供数据支持。

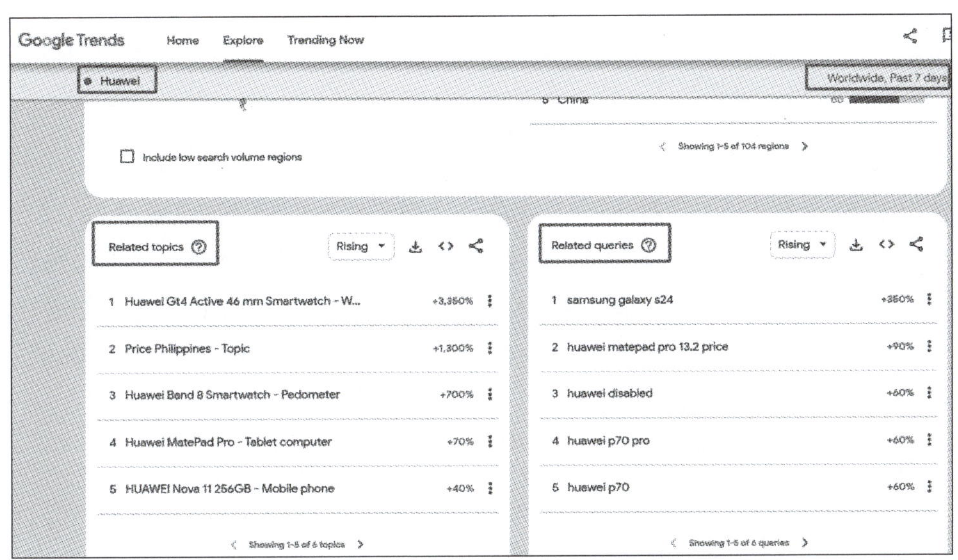

图 5-2-1　分析关键词

3. 投放关键词技巧

在跨境电商领域，谷歌是卖家开展站外引流的重要渠道之一。以谷歌为例，以下分享投放关键词的技巧。

（1）明确目标受众群体。在通过谷歌投放关键词前，卖家需分析商品的竞争力、市场热度及目标受众群体，选择市场前景较好的地区并锁定潜在消费群体。为避免不必要的点击支付，可设定广告仅出现在特定国家或地区的潜在消费群体中。

（2）选择合适的关键词。选择合适的关键词至关重要，一旦选择失误，将无法实现营销目的，甚至导致客户流失。

（3）优化广告文案。广告文案是吸引潜在消费者点击的关键，因此优化广告文案至关重要。卖家需注意以下几点：首先，文案应简洁明了，突出商品特点，让消费者一眼就能了解商品的优势；其次，运用修辞手法，如对比、排比等，增强文案的吸引力；最后，结合目标受众的文化背景和消费习惯，制定符合当地特色的广告文案。

（4）监控广告效果。广告投放后，卖家需密切关注广告效果，通过数据分析及时发现问题并进行调整。主要关注以下几个指标：点击率、转化率、广告投入产出比等。针对不同的指标，可制定相应的优化策略。例如，点击率较低，可以考虑调整关键词、优化广告文案或提高广告投放位置等；转化率不高，则需关注商品本身的问题，如价格、库存、评价等，适当调整，以便提高购买率。

（5）持续优化。广告优化是一个持续的过程。卖家需不断关注市场动态，调整广告策略。在优化过程中，可尝试采用 A/B 测试法，对比不同广告策略的效果，从而找到最适合当前市场的广告方案。同时，要保持广告投放的稳定性，避免因频繁调整而导致广告效果波动。

二、电子邮件营销推广

电子邮件营销（Email Direct Marketing，EDM），也称为 Email 营销、EDM 营销，是企业向目标客户发送电子邮件，建立与目标客户的沟通渠道，向其直接传达相关信息，以促进销售的一种营销手段。相比其他营销方式，电子邮件营销具有传播速度快、成本低、回报率高、投放精准的优势，同时能与订阅用户保持长期联系，增加用户黏度，提高用户忠诚度。

1. 电子邮件营销的基本流程

要想开展高效的电子邮件营销，卖家需要把握好每个环节的工作。通常来说，电子邮件营销的流程包括以下五个环节。

（1）构建目标受众数据库。此步骤为后续高效的电子邮件营销奠定基础。目标受众数据库的完善和精确程度越高，电子邮件营销的效果就越显著。卖家可通过建立会员制度、收集购买过商品的买家信息等方式，来收集电子邮件目标受众的数据。

（2）数据库分类与筛选。根据电子邮件营销的需求，卖家应将目标受众数据库按照地域、性别、年龄、特点及兴趣爱好等维度进行分类，并对所创建的目标受众数据库进行筛选。

（3）设计电子邮件内容。根据预设的目标受众，制定规范的电子邮件内容，包括邮件标题、正文内容、排版布局等。电子邮件内容越贴近目标受众的心理需求，后期电子邮件营销的效果就越佳。

（4）电子邮件投放。电子邮件投放环节既简单又复杂，因为它关乎电子邮件能否准确送达目标受众手中，抑或被误判为垃圾邮件。为确保电子邮件的到达率和精确度，卖家需选择优质的电子邮件营销工具进行投放。

（5）电子邮件营销优化。根据电子邮件的打开率、点击率、到达率和精确度等数据，对电子邮件营销进行优化，包括是否需要精简目标受众数据、是否更换电子邮件营销服务商，以及优化电子邮件内容等。

2. 电子邮件内容的撰写

电子邮件营销是一种有效的销售手段。通过精心设计的电子邮件，卖家可以传递既美观又富有价值的信息，以吸引收件人的关注并激发其购买欲望。为了达到这一目的，卖家在撰写电子邮件时应注重以下几点。

（1）标题设计至关重要。收件人在查看邮件时，往往首先关注邮件标题。因此，卖家应力求标题具有吸引力。对于时效性信息，可以在标题中添加“Daily”“Weekly”“Monthly”等词语。此外，当店铺有促销活动或新商品上市时，可用相关事件作为标题，提醒收件人“不要错过”。同时，如果卖家为商品提供了操作视频，也应在标题中予以体现。

（2）邮件内容应具有针对性。不同受众群体关心的问题各异，例如，管理人员可能关注经济形势、企业发展资讯及管理策略；市场人员可能关注市场动态、商品信息等；普通用户则可能更关注商品折扣、小知识和小建议等。因此，卖家需要根据目标用户的特征撰写相应内容的邮件，使其更贴近用户心理。

（3）邮件内容应简明扼要、条理清晰。邮件可以介绍店铺的热销商品、节假日和季节性活动等，并提供活动链接或优惠代码。同时，应确保活动优惠代码给收件人留出足够的使用时间。

（4）激发收件人的兴趣和好奇心。卖家可以通过突出商品或服务的特色、提供免费赠品等方式，鼓励收件人深入了解邮件内容，并点击链接了解商品信息。

（5）合理设置图片。邮件中使用的图片应大小适中（建议小于 15KB），并且数量不宜过多，一般少于 8 张为宜，以免影响邮件的打开速度。图片应上传至网络空间，并避免使用包含“AD”字符的图片名称，以免被邮件系统误认为是广告。

（6）避免使用需要插件才能浏览的内容。电子邮件中应尽量避免使用 Flash、Java、JavaScript 等格式，以免收件人无法打开邮件或需要安装插件才能浏览。卖家可以制作相同内容的网页，并在邮件顶部提供“点击此处”的链接，以便收件人查看。

知识链接

跨境电商 EDM 营销实用工具——MailChimp

MailChimp 是一款功能强大的跨境电商 EDM 营销工具，它不仅允许卖家自行设计邮件模板、进行邮件群发、管理用户列表以及更新电子邮件列表等，还能与网站结合，帮助卖家搜集和管理用户资料，如图 5-2-2 所示。

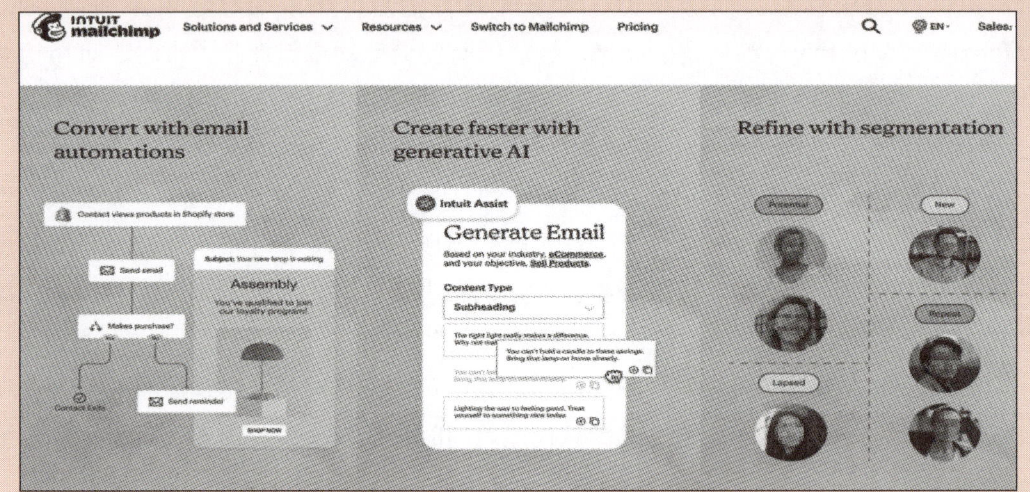

图 5-2-2　MailChimp 首页

MailChimp 为注册用户提供了优惠条件，每月可免费向 2 000 个收件人发送 10 000 封邮件。若卖家的会员数或月发信量超出此标准，则需支付额外费用。MailChimp 提供不同的价格模块，各模块的功能、允许的收件人数量以及可发送的邮件数量均有所不同。

三、海外社交媒体营销推广

海外社交媒体营销是指利用海外的社交网络平台，进行品牌推广、产品宣传以及各类营销活动。Facebook、Instagram、X（原 Twitter）、YouTube、Linkedin、Reddit、VK 等都是跨境电商卖家常用的社交网络平台。

1. Facebook 营销

作为全球极具影响力的网络社交通信平台，Facebook 长期以来都是跨境电商企业

开展营销推广的重要工具（见图 5-2-3）。利用 Facebook 进行营销，能让卖家的商品或服务更容易被买家搜索到，相当于为网店构建了一个交流社区，从而可更直接地推广商品。

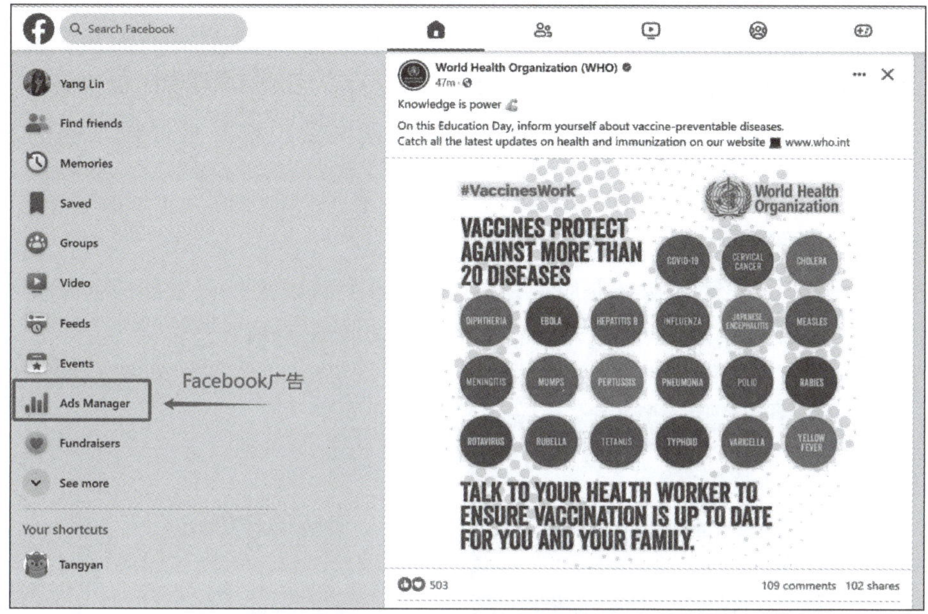

图 5-2-3 Facebook 广告页面

以下为提升 Facebook 账号人气和页面互动性的技巧。

（1）提升账号人气的技巧。

1）创建友好的页面。卖家需确保 Facebook 页面布局合理、内容优质，并定期更新商品信息，加强与访问者之间的互动，给访问者留下良好印象。

2）维系忠诚客户。鼓励忠诚客户加入并在 Facebook 上支持卖家，借助忠诚客户的口碑宣传吸引更多访问者。

3）添加 Facebook 社交插件。整合并利用 Facebook 社交插件，加强各社交平台间的联系，提高页面浏览量。

4）利用高人气的 Facebook 页面。搜索与商品相关的热门 Facebook 页面，并向这些页面提供有价值的信息，建立紧密联系。

5）借助网络论坛与合作网站。在网络论坛或合作网站中表现活跃，添加 Facebook 页面链接，吸引访问者关注商品。

6）联合组织社交活动。与其他 Facebook 页面管理员合作，策划能让双方粉丝获益的社交活动，以增进了解，达到推广的目的。

（2）提升页面互动性的技巧。

1）充分发挥创意。发布有趣、新颖的创意商品信息以吸引访问者。

2）采用多样化的形式。运用图片、视频等多种形式展示内容，提高访问者的兴趣。

3）内容简短精悍。使用简练的句子，将复杂信息简单化，使内容更具传播性。

4）注重互动性。开展互动活动，如投票、问答等，引导访问者和粉丝参与。

5）善用留白技巧。提出问题，留白让访问者填空，激发其兴趣，以引发热烈评论。

2. Instagram 营销

Instagram 是一款移动端社交应用，自 2010 年上线以来，已发展成为领先的社交媒体平台之一（见图 5–2–4）。其核心优势在于高度的用户参与度。

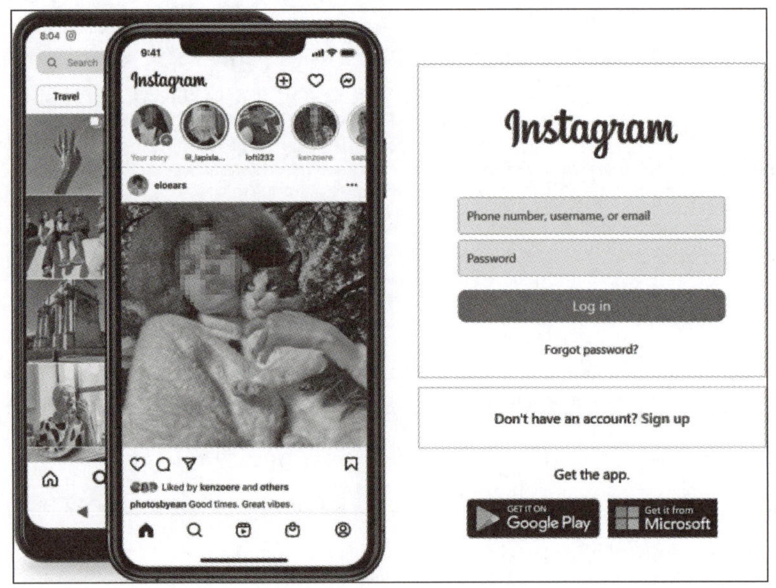

图 5–2–4　Instagram 首页

为了在 Instagram 上独特地展现品牌价值，确保获得最大程度的曝光，并吸引更多潜在关注者，以下是一些可供卖家参考的营销推广技巧。

（1）分享与交流买家体验。大多数在线购物者在电商平台消费时，都倾向于查看真实的买家体验评价。因此，卖家应积极收集真实的买家评价，精选并征得买家同意后，将这些评价融入 Instagram 的推广内容中。这将为卖家提供口碑传播的有效途径，并提高潜在客户的转化率。

（2）有效运用主题标签。标签功能有助于卖家发布的推广内容被更多的目标客户

发现。卖家应尽量使用与业务相关的、有趣的、符合行业特点的主题标签。只要有人搜索到这些标签，卖家的帖子便有可能一览无余地展现在他们面前。独特且与业务相关的标签有助于粉丝精准地追踪他们的兴趣点，并增加与卖家的互动。

（3）展示引人入胜的图片。作为主打图片社交的平台，Instagram 的核心竞争力在于其精美的图片。卖家在设计图片时，应选择展示商品的使用场景，让商品融入现实环境中。同时，应避免图文生硬叠加，以免影响美观度。卖家可以考虑将图文分开，先发布一张引人注目的图片，以吸引感兴趣的粉丝主动查看文字说明。

（4）加强与粉丝的互动。无论使用哪个社交平台进行营销，与粉丝保持有效互动都至关重要。Instagram 的算法尤为注重互动数据，因此卖家要提高内容的曝光度，就需要频繁地与粉丝进行互动，如留言、点赞等。当卖家留言或点赞后，粉丝可以在"关注"页面查看到，这有助于提升粉丝对品牌的好感度。

3. X 营销

X 作为全球访问量领先的社交媒体平台之一，拥有超过 5 亿的注册用户。尽管每条发布的"推文"字数限制为 140 个字符，但这并未阻碍各类商家利用 X 进行商品推广和品牌营销。然而，拥有大量粉丝并不意味着 X 营销的成功。商家若想更高效地推销和推广品牌及店铺，最佳策略是在 X 上发布高质量的内容。X 营销的技巧包括以下几项。

（1）使用图片。图片能直观地传递复杂、抽象的内容，通常比文字更易给人留下深刻的印象。在描述事物时，图片有时比语言更加直观。例如，某服装零售商曾连续 7 天发布 14 条推文，其中包含 16 张图片，展示了商品及用户所渴望的生活方式，取得了良好的效果。

（2）选择合适时段发布推文。商家在发布推文时，应注意合理安排发布时间，以提高互动率。研究发现，在服饰行业，约 12% 的品牌倾向于在周末发布推文，这些推文的互动率比工作日高出 30%。这说明合理安排推文的发布时间，将更容易吸引潜在买家。因此，商家应测试何时发布推文关注度最高，并利用这些时间段进行 X 营销。

（3）注重内容质量。在推文中提供有价值的内容和实用的促销折扣信息，能有效提升推文对访问者的吸引力。集客营销公司 HubSpot 发布的一份关于电商在 X 营销的建议清单中，首条便是"在推销之前先引起兴趣"。

（4）定期发布优质内容。商家应坚持定期发布优质推文，每天发布两至三条，以吸引用户关注，避免被遗忘。

（5）回应访问者的推文。X 也是卖家为粉丝提供服务、与粉丝进行互动的工具。

因此，当粉丝在X上提及卖家的商品或公司时，卖家应及时作出回应。例如，一位购买过某运动品牌服装的客户在X上发布了一张图片，图片上是几件该品牌服装，并配文："Yes，I have a problem but at least I'm encouraging myself to go to the gym."（是，我身体有问题，但至少我鼓励自己去健身房。）并@了该品牌的X账号。该品牌的社交媒体营销人员对此也用一张图片进行了回应，并配文："We see no problem."（我们看来没有问题。）

（6）减少推文中的链接数量。相关研究表明，不包含链接的推文更容易让访问者产生互动。因此，并不是说发布的每一条推文中都一定要包含链接，添加链接的精妙之处在于精而不在于杂。在发布推文时，卖家要懂得合理地减少包含链接的推文数量，这样更有利于加强与访问者之间的互动。

4. YouTube营销

YouTube作为全球知名的视频网站之一，每天都有成千上万的视频被用户上传、浏览和分享（见图5-2-5）。相较于其他社交网站，YouTube的视频更容易带来"病毒式"的推广效果，因此，YouTube也是跨境电商卖家开展营销推广不可或缺的工具。

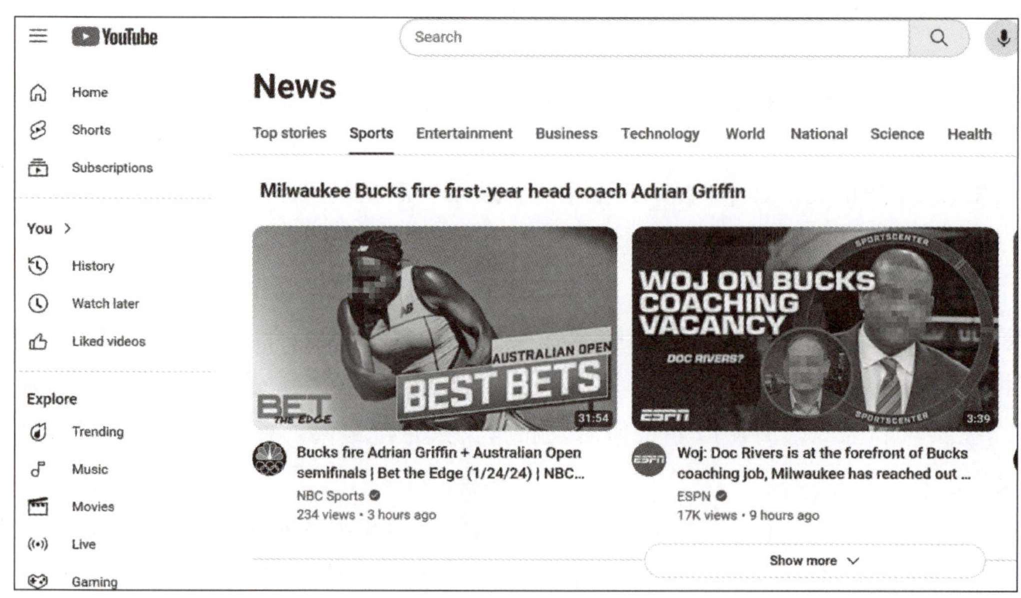

图5-2-5　YouTube的"Sports"频道

（1）卖家可以通过以下几类视频来提升视频曝光度和品牌影响力。

1）教学类视频。作为一种常见的视频营销形式，"How to（如何）"教学类视频能让卖家详细展示目标受众关心的操作过程，并通过详尽的步骤说明，自然地引入商

品。例如，某家居品牌在 YouTube 发布的教学类视频既实用又有趣，虽未直接呈现商品销售信息或链接，但仍吸引了众多对家居装修感兴趣的受众关注该品牌，从而有效提升了品牌知名度。对于正在 YouTube 上探索的卖家，教学类视频无疑是理想的切入点。卖家丰富的商品知识对许多用户来说具有权威性的指导价值，同时，这也是与品牌内容相呼应的有效方式。

2）娱乐类视频。娱乐类视频虽然往往需要团队协作，但其广泛的传播效应不容忽视。幽默或壮观的元素都能有效地吸引观众关注。在这类视频中，创意和独特的故事情节至关重要，它们可以使观众在轻松愉快的氛围中度过美好时光。随着互联网的快速发展，娱乐类视频在各大平台上的竞争愈发激烈，制作团队需要不断创新，以满足观众对新鲜感和趣味性的需求。

3）创意类视频。创意类视频是一种充满想象力和创造力的艺术形式，可以通过多种形式呈现。它可以给观众带来惊喜和乐趣，同时也可以激发人们的创作欲望。在制作创意类视频时，需要充分发挥想象力和创意，将独特的想法融入作品中，为观众带来新颖的视觉体验。

（2）正所谓“内容为王”，要想让自己发布的视频在 YouTube 上获得靠前的排名，那么发布的视频就一定要做到以下几点。

1）使用合适的关键词。在 YouTube 中，开头带有关键词的视频往往会取得更好的营销效果。与 Google 的搜索引擎优化一样，在产出内容前，卖家必须知道这个视频所对应的关键词是什么，并将其贯穿于视频制作的始终。

2）创建引人注目的标题。标题是 YouTube 判断视频排序的重要因素之一，也是影响用户是否会点击观看该视频的关键因素。优质标题的标准是，当用户看到标题时，会立刻对视频内容产生好奇心，或者清楚地知道该视频能帮助他们解决什么问题。例如，某个视频的关键词是“make a potato cake”（制作土豆饼），以下提供两种标题形式。

① Three ways to make a potato cake（制作土豆饼的三种方法）。

② Make a potato cake：Three ways you need to know（制作土豆饼：你需要了解的三种方法）。

第二种标题的开头就包含了关键字，它精确地向观众描述了视频的内容，这种标题在 YouTube 搜索结果中往往表现良好。

3）添加详细的视频描述。为视频添加详细的描述，有助于 YouTube 算法和 Google 搜索算法更好地识别视频内容。除了标题，视频描述是他人快速了解该视频主题内容的另一个重要渠道。精准的视频描述有助于增加视频的点击率。

4）使用精准的标签。标签有助于 YouTube 算法了解视频的内容，同时还能将视频与类似视频相关联，从而扩大视频的发布范围和提高曝光度。以雪地靴为例，可以将视频标签设置为“雪地靴（商品关键词）、雪地（使用场景）、鞋子（行业泛词）”。

5）做好缩略图设计。视频缩略图是用户在视频列表中看到的主要图像，它在一定程度上决定了视频的点击率。优质的缩略图可以让用户一眼就了解视频的主题，并且具有一定的吸引力。

6）为视频添加字幕。为视频添加字幕不仅可以帮助用户更好地理解视频内容，还可以通过突出关键词提高视频的搜索排名。此外，带字幕的视频可以让用户在吵闹或无法开声音的环境下，通过看字幕来浏览视频，进而增加视频的受众和被浏览的机会。

7）提供真实可信的视频内容。保证视频的真实性能够让商品或品牌更加贴近用户，还能将被动观看的用户转化为长期的忠诚用户。增加视频可信度的方法主要有三种：邀请专家或行业专业人士参与录制；将用户使用商品的经历作为视频题材；在品牌频道或特辑中讲述品牌的成长过程，展示品牌“接地气”的一面，缩短品牌与用户间的距离。

8）增加与用户的互动。视频的互动数是 YouTube 判别视频质量的关键指标之一。在视频的结尾部分，可以鼓励用户与该视频进行互动。例如，与其使用“欢迎大家留言或点赞”，不如考虑使用“告诉我们你会怎么选”，因为后者能够体现出更明确的需要执行的动作，从而更有效地促进用户参与互动。

任务实训

实训目的：

掌握电子邮件营销的基本原理和操作流程。

实训内容：

某全球速卖通店铺上线了 6 款秋季毛绒玩具新品，为了做好新产品宣传、提升品牌曝光度，店铺准备在 6 月 1 日儿童节前利用电子邮件进行站外促销推广，促销内容是：购买任意一款新品可以获得 10% 的折扣。

请根据图 5-2-6 的 Cartoon Toys 商品信息设计电子邮件内容，完成表 5-2-1 的填写。

Description

Cartoon Perry The Platypus Plush Toys Soft Doll Stuffed Animals Duck Plush Toys for Boys Girls Christmas Birthday Gifts
Note: It is normal to be 1-2cm measurement error, and color maybe a little different due to monitor.
We can provide dropshipping and wholesale. If you have any questions, please feel free to contact with us!!!
description:
Color: picture
Plush classification: short plush
Filling material: PP cotton
Sales method: retail, wholesale, bulk transportation
Quantity: 1PC
Manufacturer recommended age: over one year old

图 5-2-6　Cartoon Toys 商品信息

表 5-2-1　Cartoon Toys 商品促销邮件内容设计

项目	内容
邮件标题	
产品描述文案	

续表

项目	内容
邮件促销内容	
发送时间设置	

实训步骤:

【步骤 1】分析目标受众。确定邮件的目标受众是喜欢毛绒玩具的潜在客户，特别是可能在儿童节有购买需求的家长。

【步骤 2】设计邮件标题。邮件标题应具有吸引力且简明扼要，如“儿童节特惠！Cartoon Toys 毛绒玩具新品享 10% 折扣”。

【步骤 3】编写产品描述文案。产品描述文案应突出产品的特点，如材质柔软、设计可爱、适合儿童等。

示例文案:“为您的孩子带来欢乐！Cartoon Toys 新推出的秋季毛绒玩具系列，采用高品质材料，设计可爱，是孩子们的最佳玩伴。”

【步骤 4】编写邮件促销内容。清晰说明促销优惠，如“在 6 月 1 日儿童节当天，购买任意一款 Cartoon Toys 新品毛绒玩具，即可享受 10% 的折扣优惠！”

【步骤 5】设置发送时间。考虑到儿童节是促销的主题，邮件应在儿童节前一到两天发送，以便客户有足够的时间了解和考虑购买。发送时间可设为 5 月 30 日或 5 月 31 日，以便在儿童节之前吸引目标客户的注意力。

【步骤 6】根据上述分析，填写表 5-2-1。

任务评价

学生完成自我小结并在表 5-2-2 中进行自评打分，教师根据学生表现进行点评并打分。最后按“自我评分 ×40%+ 教师评分 ×60%”的方法计算得分。

表 5-2-2 任务评价表

类别	评价内容	配分	自我评分	教师评分	得分
知识技能	掌握搜索引擎营销推广的方法	20			
	掌握电子邮件营销推广的方法	20			
	掌握海外社交媒体营销推广的方法	20			
职业素养	工作态度细致、认真、严谨	10			
	具备一定的团队合作和沟通能力	20			
	具备一定的创新能力	10			
合计					

思考与练习

1. 假设你是一家销售高端婴儿用品的跨境电商卖家，正计划通过搜索引擎竞价排名来提升品牌知名度和销售额。请详细规划你的竞价排名策略，包括关键词选择、出价策略、广告文案设计、目标市场定位以及预期效果评估方法。
2. 假设你的店铺即将推出一款夏季新款防晒霜，请设计一封电子邮件。邮件内容应包括吸引人的标题、简短的产品介绍、优惠信息（如限时折扣等）、购买链接，以及鼓励用户分享或转发的呼吁。
3. 设计一个跨 Facebook、Instagram 和 X 的社交媒体整合营销方案，旨在提升品牌知名度、增加粉丝互动并促进销售。请详细说明每个平台的具体营销活动和如何确保各平台间的协同效应。

项目六 跨境电商支付与结汇

项目概述

跨境电商支付在跨境电商交易中扮演着举足轻重的角色。它不仅确保了交易的安全性与可靠性，有效提升了消费者的购买意愿，进而推动了跨境电商行业的蓬勃发展，同时也为卖家提供了更加高效的资金回笼途径，即跨境电商结汇，加速了交易流程的顺畅进行。伴随行业的快速发展，跨境电商支付的监管环境也趋于严格，合规性要求不断提升。特别是在跨境电商结汇方面，卖家需密切关注并严格遵守目标市场的法律法规，以确保交易活动的合法合规，有效规避潜在的法律风险。

另外，税收政策也是跨境电商领域需要重点关注的一个方面。随着跨境电商交易的日益增多，各国政府对于跨境电商的税收政策也在不断调整和完善。因此，卖家需要时刻关注税收政策的变化，以便及时调整自己的经营策略，确保在合规的前提下实现利益的最大化。

学习目标

知识目标

1. 了解跨境电商支付的概念。
2. 熟悉跨境电商支付的类型。
3. 了解跨境电商结汇的基本方式。

4. 了解跨境电商主要税种。
5. 熟悉跨境电商进口和出口税收政策。

- **技能目标**

1. 能够选择不同的跨境电商支付方式。
2. 能够完成跨境电商结汇操作流程。

- **素养目标**

1. 培养互联网思维和创新思维。
2. 培养安全意识和责任意识。

任务 1　跨境电商支付方式概述

任务情境

李华在工作中发现，消费者往往倾向于使用他们所熟悉和信赖的支付方式，这一特点在不同国家和地区表现尤为显著。例如，在中国市场，消费者更倾向于使用支付宝和微信支付这类移动支付方式；而在美国，信用卡支付则更为普及和受欢迎。为确保能熟练应对跨境电商支付相关工作，李华决定对跨境电商支付业务进行全面深入的了解。

任务分析

跨境电商支付是指在跨境交易流程中，买家向卖家支付货款以及卖家收款的行为总称。鉴于涉及不同国家和地区的货币体系和支付方式，跨境电商支付相较于国内电商支付明显更为复杂，需综合考量汇率波动、海关监管政策、支付安全性及合规性等多重因素。因此，跨境电商支付环节被视为跨境交易体系中的核心枢纽。在本任务中，我们将学习跨境电商交易的不同支付方式。

相关知识

跨境电商常见的支付方式包括银行电汇、国际信用卡支付、网络银行支付以及第三方支付等。卖家应依据目标市场消费者的支付习惯与偏好，灵活选择最合适的支付

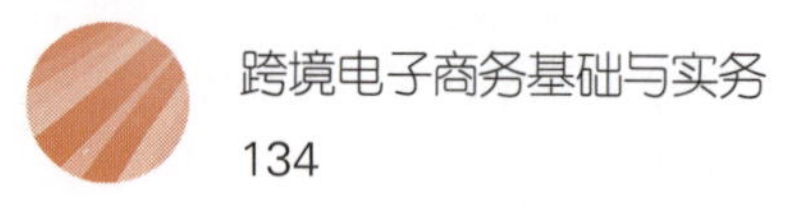

方式。

一、银行电汇

银行电汇，也称“TT”（Telegraphic Transfer），是通过电报、电传或SWIFT等电信渠道实现的资金划拨方式。在此流程中，汇款人将资金存入其开户银行，该银行随后通过电信手段指示收款人所在地的银行向收款人支付指定金额。

在电汇过程中，买卖双方需各自承担其所在地银行所收取的手续费。作为传统B2B交易中的主要付款方式之一，银行电汇具有汇款速度快、资金到账及时的优势，特别适用于大额交易。其劣势表现在，对卖家而言，先款后货的模式有效保障了其权益，但对买家而言，则可能因缺乏即时交付的保障而降低信任度。此外，银行电汇受限于B端交易的特性，客户群体相对狭窄，制约了交易量的增长。同时，大额交易伴随的高额手续费也是其常被诟病的一点。

知识链接

什么是SWIFT?

环球银行金融电信协会（Society for Worldwide Interbank Financial Telecommunication，SWIFT），也被译为环球同业银行金融电信协会，是一个全球性的国际合作组织。该组织运营着一个世界级的金融报文传输网络，为银行及其他金融机构提供了一个安全、标准化且值得信赖的平台。通过该平台，各机构能够相互交换金融报文。这些报文承载着关键的金融交易信息，确保了金融机构之间高效、准确的信息传递，从而支持全球金融交易的顺利进行。

重要的是，要明确SWIFT本身并不直接参与银行账户的资金划拨过程。资金划拨是清算和结算业务的核心职能，这些职能由各国不同的系统负责执行。例如，在美国，这一任务主要由清算所银行同业支付系统（CHIPS）承担；而在中国，人民币跨境支付系统（CIPS）则负责完成跨境结算业务，确保人民币跨境支付的高效与安全。因此，SWIFT更多地扮演着信息交换的桥梁角色，为全球金融市场的稳定与繁荣贡献力量。

二、国际信用卡支付

在B2C跨境电商交易中，Visa卡与万事达卡是被广泛使用的信用卡品牌。通过与

这些国际信用卡组织合作，跨境电商平台能够提供更加便捷且安全的支付服务，从而优化卖家与消费者的交易体验。信用卡支付以其便捷性、快速响应及高度安全性著称，消费者仅需在电商平台上输入信用卡信息，即可迅速完成支付流程，无须额外注册账户或安装插件。此支付方式在欧美地区尤为流行，拥有庞大的用户基础。然而，国际信用卡支付的接入流程相对烦琐，需预存保证金，且费率较高、交易限额较小，加之“黑卡”问题引发的拒付风险，均是需要消费者注意的问题。尽管如此，该支付方式仍广泛适用于跨境电商零售平台及独立 B2C 平台，这些平台普遍支持主流国际信用卡支付。

目前，全球范围内知名的信用卡品牌包括 Visa 卡、万事达卡、美国运通卡（American Express）、JCB 信用卡、大来卡（Diners Club）以及中国银联（China UnionPay），其中 Visa 卡与万事达卡的使用最为普遍。

三、网络银行支付

网络银行，作为利用互联网及通信技术资源构建的虚拟金融服务平台，实现了银行与客户之间安全、便捷、友好的连接，提供包括开户、销户、查询、对账、转账、投资理财在内的全方位金融服务。

Moneybookers 的优势主要体现在以下几个方面。

（1）安全性高。用户注册仅需电子邮件地址，无须透露信用卡信息，有效降低了信息泄露的风险。

（2）手续费低廉。平台对收款不额外收费，付款手续费也相对较低，为用户节省了成本。

（3）账户激活灵活。用户完成账户激活认证后，可便捷申请支票；即使账户未激活，也不妨碍收款或付款操作。

（4）支付简便。仅需知道收款人电子邮箱地址即可完成支付，流程简化。

（5）多币种支持。支持美元、欧元等多种货币转账至国内外币账户，满足了跨国交易需求。

不过，Moneybookers 也设有一定的限制，如每位用户仅限注册一个账户，这可能在一定程度上限制了用户的个性化操作空间。总体而言，网络银行凭借其独特优势，正逐渐成为金融服务领域的重要力量。

四、第三方支付

第三方支付作为一种新兴的支付模式，为电商的蓬勃发展提供了强有力的支撑。它通过提供更为便捷与安全的支付服务，有效构建了消费者与卖家之间的信任桥梁，极大地推动了电商的快速发展。

在使用第三方支付工具进行交易时，买卖双方需分别注册并拥有一个第三方支付平台的账号。这一过程实质上是在创建一个独立的虚拟资金账户，允许双方通过这个账户安全、高效地实现资金的转移与结算。

在第三方支付体系下，网络购物流程通常遵循以下步骤：买家选定商品后，利用第三方交易平台绑定的账户完成货款支付，此时货款会被暂时托管于第三方支付平台；随后，第三方支付平台会即时通知卖家货款已到账，提醒其安排发货；待买家收到商品并确认无误后，即通过第三方支付平台发出支付指令，平台随后将货款转至卖家账户，完成整个交易闭环。

在 B2C 跨境电商交易中，第三方支付工具的应用尤为关键且不可或缺。它们不仅简化了跨境支付流程，还通过严格的风控措施保障了交易资金的安全。接下来，我们将对一些在跨境电商领域广泛使用的第三方支付工具进行简要介绍。

1. 支付宝国际版

支付宝国际版作为阿里巴巴集团与支付宝联合打造的专业跨境资金管理平台，旨在为从事国际贸易的卖家提供安全高效的第三方支付与担保服务。买家在跨境购物时，可通过支付宝国际版灵活运用信用卡、西联汇款、银行电汇等多种支付手段完成交易。

使用流程：用户需先行注册支付宝账户，并绑定个人银行账户或信用卡。在跨境电商平台选购商品并选择支付宝国际版作为支付方式，随后输入支付密码以确认交易。

为保障交易安全，支付宝国际版配备了多重安全措施，包括数字证书验证、安全支付密码等，有效防范支付信息泄露风险。

在交易过程中，买家先将货款预付至支付宝国际版作为第三方担保账户。待支付宝通知卖家发货且买家确认收货无误后，货款由支付宝国际版转至卖家账户，从而圆满完成交易闭环。

2. PayPal

PayPal 作为全球范围内广受欢迎的第三方支付工具，已与众多电商平台建立深度合作，成为其主流的货款支付方式。PayPal 的注册与认证服务均免费提供，且无月租费或最低消费额要求，使用门槛极低。

支付与费用说明：买家通过 PayPal 购物时，无论是采用信用卡、借记卡还是 PayPal 账户余额支付，均无须承担额外费用，相关手续费由卖家承担。

账户类型与收款方式：PayPal 提供个人账户与企业账户两种选择，其中企业账户支持多达 25 种货币的收款，并享受 PayPal 卖家保护政策。此外，PayPal 还为卖家提供了网站集成收款、账单收款、电子邮件收款、个性化链接收款以及在主流电商平台

直接收款五大收款方式，全面满足卖家的多样化需求。

资金管理与安全保障：交易成功后，卖家所收款项将自动存入 PayPal 账户余额中。卖家可通过 PayPal 的提现功能将资金转至指定银行账户，但需注意，提现前需完成账户认证。PayPal 还内置了一系列安全机制，如手机绑定、复杂密码设置及双重验证等，以全方位保障交易的真实性与账户的安全性。

3. Payoneer

作为万事达卡组织正式授权的发卡机构，Payoneer 致力于为跨境电商卖家提供灵活、快捷且费率优惠的跨境收款解决方案，是全球知名跨境电商平台如全球速卖通、亚马逊、eBay 等推荐使用的支付方式之一。卖家通过注册 Payoneer 账户，即可轻松汇聚来自多个电商平台的资金，并便捷地将这些资金提现至本地银行账户。Payoneer 具有以下优势。

（1）成本效益显著。相较于传统银行转账及信用卡支付方式，Payoneer 以其低廉的手续费及更具竞争力的汇率，助力企业有效降低成本，提升利润空间。

（2）高效交易体验。提供在线快速支付服务，交易可在极短时间内完成，确保企业跨境贸易的高效运作与资金流的及时回笼。

（3）资金安全保障。依托先进的安全技术架构与严格的监管体系，Payoneer 全方位守护用户资金安全，同时提供全天候客户服务，确保用户在遇到问题时能迅速获得专业解答与支持。

（4）多币种交易支持。涵盖美元、欧元、英镑等主流货币及部分小众市场流通货币，助力企业灵活应对跨境贸易需求，有效规避汇率波动风险。

（5）多样化支付方式。除在线支付外，还支持预付卡、电子钱包等多种支付方式，满足用户个性化需求，提升支付灵活性。

4. 连连支付

连连银通电子支付有限公司（以下简称“连连支付”）自 2003 年成立以来，始终深耕第三方支付领域，为亚马逊、eBay、Wish 等众多跨境电商平台提供全面支持，实现超过 10 种货币的自由结算。相较于其他第三方支付机构，连连支付的核心竞争力在于其强大的多币种结算能力与跨平台店铺资金管理能力，极大地简化了卖家在跨境电商中的货币管理与平台操作，提升了交易效率与便利性。此外，连连支付还创新性地推出了包括直接缴纳增值税在内的增值服务，为卖家构建了一站式的支付解决方案，全面助力跨境电商业务的发展。

5. PingPong

PingPong 是中国率先获得欧洲支付牌照的新一代金融科技企业，同时也是中国本土领先的跨区域收款品牌。PingPong 专注于为中国跨境电商卖家提供低成本、高效率的全球收款解决方案，支持美元、英镑、欧元、日元、加元、新加坡元等多种国际货币收款，并兼容亚马逊、Wish、eBay、Shopee 等众多主流电商平台，实现多平台统一收款服务。PingPong 的收款服务免收入账费及管理费，每笔提款仅收取 1% 的手续费，无隐藏费用及汇率损失，资金通常于 1～3 个工作日内到账，最快可当日到账。

6. WorldFirst

WorldFirst 作为全球知名的国际支付平台，集跨境支付、跨境收款、跨境电商收付、全球收款、货币兑换及付款等多元功能于一体。该平台广泛支持亚马逊、全球速卖通、eBay 等全球多个知名电商平台的接入与收款业务，覆盖英镑、美元、加元、日元、欧元、新西兰元、新加坡元等多种国际货币。用户开通 WorldFirst 账户后，即可轻松实现以当地货币进行支付与收款操作。WorldFirst 提供的提现服务费率最高不超过 0.3%，且支持资金快速提现至支付宝账户或银行卡，实现资金即刻到账。WorldFirst 具有以下优势。

（1）低换汇成本。提供极具竞争力的汇率，有效降低换汇折损，适用于各种货币兑换需求。

（2）高效支付与汇款。提供快速支付处理与汇款服务，支持全球范围内的即时转账。

（3）定制化外汇管理。提供包括汇率锁定在内的多种外汇管理解决方案，满足企业个性化需求。

（4）多渠道收款。支持银行转账、信用卡、PayPal 等多种收款方式，灵活应对不同支付场景。

（5）安全性保障。一是先进安全技术。采用多层安全防护技术与智能欺诈检测系统，确保用户数据与交易过程的安全无忧。二是严格监管合规。受英国金融行为监管局监管，严格遵守反洗钱与反恐怖融资法律法规，保障用户资金安全合法流动。

实训目的：

掌握使用支付宝国际版进行国际汇款的操作流程。

实训内容：

根据所学知识，使用支付宝国际版进行国际汇款。

实训步骤：

【步骤 1】打开支付宝 App，进入主页面。在底部菜单栏中找到并点击“更多”选项（见图 6-1-1），进入支付宝的更多服务页面。

【步骤 2】在“更多”服务页面中，向下滑动找到“财富管理”或类似分类。在该分类下找到并点击“国际汇款”选项（见图 6-1-2），进入国际汇款服务页面。

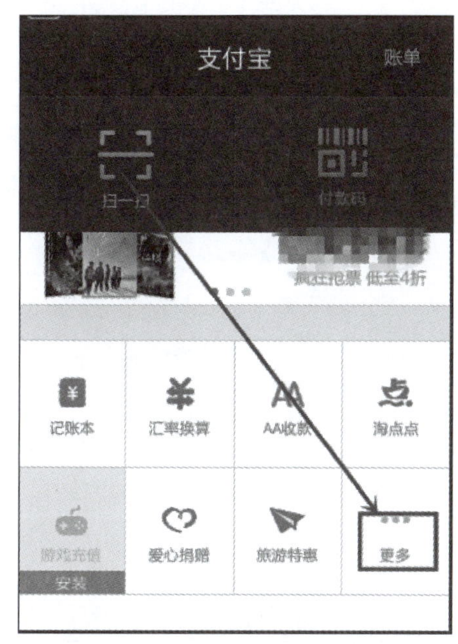

图 6-1-1　点击“更多”选项

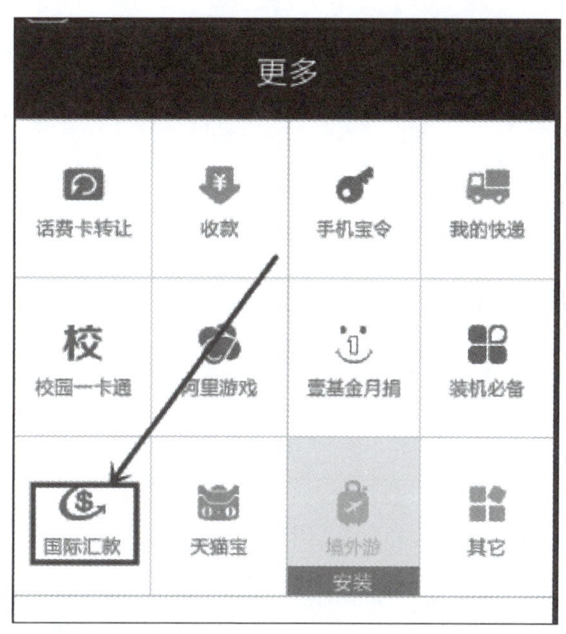

图 6-1-2　点击“国际汇款”选项

【步骤 3】在国际汇款服务页面，寻找“手续费说明”或类似链接，点击进入查看（见图 6-1-3）。根据页面提示，输入预计的汇款金额（商品价格 + 运费 + 交易佣金总和，不超过 10 000 美元），系统自动计算并显示所需支付的手续费。记住该手续费金额，以便后续操作。

【步骤 4】选择“服务窗”（见图 6-1-4）。某些版本的支付宝可能不直接通过“服务窗”进行汇款服务选择，但为保证流程完整性，假定存在此步骤。在国际汇款页面，寻找并选择适合的服务窗或汇款通道，这通常与汇款目的地国家或地区相关。如果无此步骤，则直接进入下一步。

【步骤 5】确认已选择正确的服务窗或汇款通道后，点击“立即汇款”开始汇款流程（见图 6-1-5）。根据页面提示，填写收款人信息（包括姓名、账号、开户行及 SWIFT 码等，具体要求可能因国家或地区而异）。输入汇款金额（注意加上之前计算的手续费），并核对所有信息。选择付款方式（如余额、银行卡等），确认支付并等待系统处理。系统处理完成后，会收到汇款成功的通知，可查看汇款详情及跟踪汇款状态。

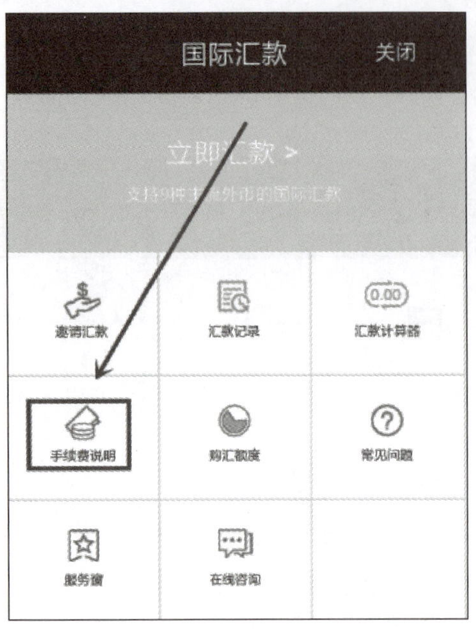

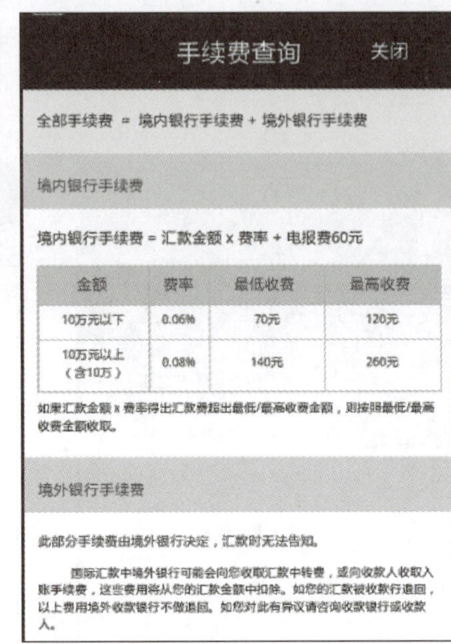

图 6-1-3　查询国际汇款的手续费

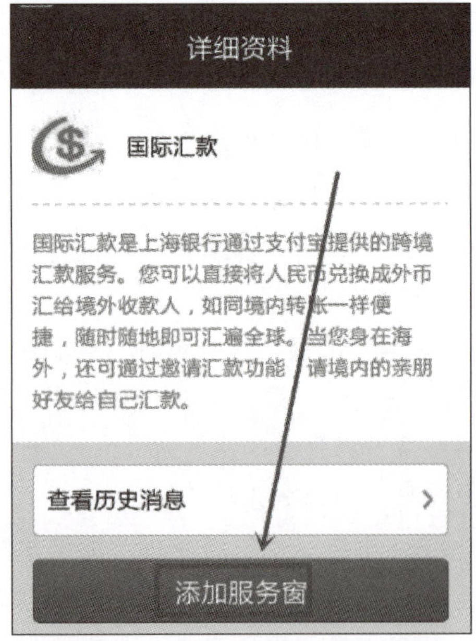

图 6-1-4　选择“服务窗”

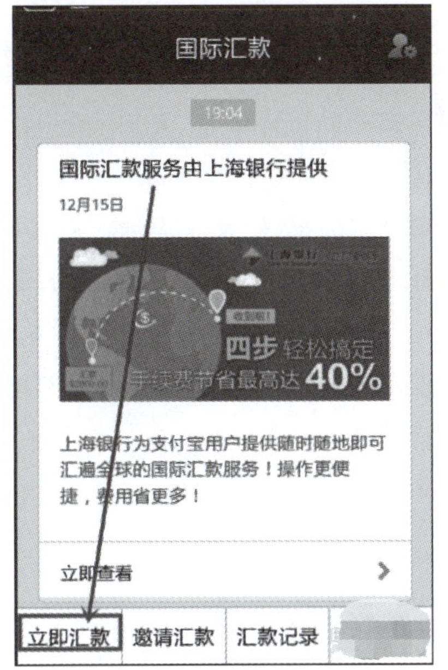

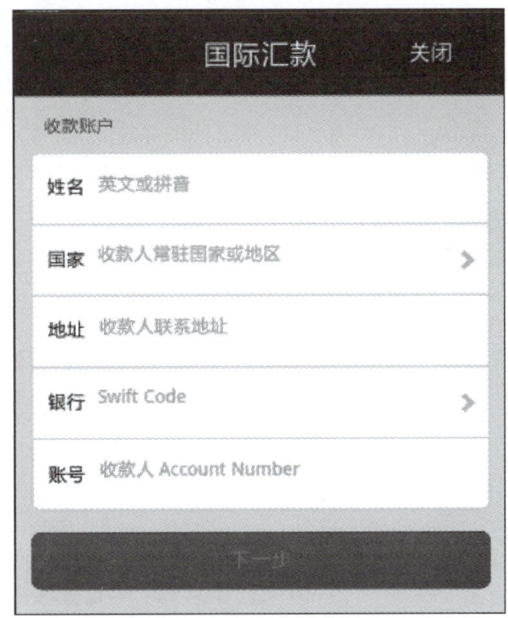

图 6-1-5　选择“立即汇款”

任务评价

学生完成自我小结并在表 6-1-1 中进行自评打分，教师根据学生表现进行点评并打分。最后按“自我评分 ×40%+ 教师评分 ×60%”的方法计算得分。

表 6-1-1　任务评价表

类别	评价内容	配分	自我评分	教师评分	得分
知识技能	了解银行电汇方式	15			
	了解国际信用卡支付方式	15			
	了解网络银行支付方式	15			
	了解第三方支付方式	15			
职业素养	工作态度细致、认真、严谨	10			
	具备一定的团队合作和沟通能力	20			
	具备一定的创新能力	10			
合计					

思考与练习

1. 假设一家中国制造商要向俄罗斯进口商出口一批价值 800 万卢布的货物，双方决定使用银行电汇作为支付方式。请分析从货款支付到资金到账的整个流程，并指出可能遇到的问题，并给出解决方案。
2. 比较 PayPal 和 Payoneer 在费率结构、货币支持、提现速度、安全保障等方面的异同，并讨论哪种平台更适合小型跨境电商企业。

任务 2　跨境电商结汇

任务情境

最近，李华的一位全球速卖通卖家朋友因外汇结算操作失误，致使合法收入陷入法律灰色地带。这促使李华意识到学习结汇知识的重要性，他决定深入学习跨境电商结汇相关知识。

任务分析

结汇作为跨境电商流程中的关键环节，直接关联到外汇交易与货币兑换的重要议题。在出口跨境电商业务中，卖家需将收到的外币依据国家公布的外汇牌价折算成本国货币，以完成货款的最终结算。在本任务中，我们将深入学习外汇分类管理标准、跨境电商结汇基本流程和方式等内容。

相关知识

一、跨境电商结汇的基本流程

跨境电商结汇基本流程如下。

（1）出口商品与收款。跨境电商卖家借助线上销售平台成功出口商品，与买家完

成交易并顺利收取款项。

（2）提交必要结汇文件。为确保结汇顺利进行，卖家需准备一系列必要的证明文件，包括但不限于出口商品的商业发票、物流运输单据及海关报关单等，作为结汇操作的重要依据。

（3）选择适宜的结汇途径。卖家需根据当前实际情况，审慎选择最适合的结汇方式。既可以通过传统银行渠道进行结汇，也可以利用第三方支付机构提供的便捷结算服务。

（4）遵守合规性要求。根据所在地区的外汇管理法规，卖家必须严格履行相关合规要求，包括但不限于填写并提交结汇申请表，同时提供必要的身份证明及详尽的交易证明材料。

（5）执行结汇操作并确保资金入账。依据所选结汇途径的具体要求，卖家需完成相应的结汇手续，将收到的外币收入有效兑换成本国货币，并确保资金准确无误地转入预设的银行账户中。

二、外汇分类管理制度

在货物贸易领域，我国实施严格的外汇分类管理制度，对企业实施动态监管。国家外汇管理局依据企业贸易外汇收支的合规程度及其与货物进出口活动的匹配性，将企业划分为A、B、C三类（见表6-2-1）。这一分类管理制度旨在促进贸易外汇市场的健康有序发展，确保资源得到合理配置。

表6-2-1　外汇分类管理标准

企业类型	满足条件
A类企业	在核查期内，企业严格遵守外汇管理相关规定，其贸易外汇收支情况经国家外汇管理局的非现场或现场核查均表现正常，无违规记录或异常情况
B类企业	存在以下任一情况的企业，国家外汇管理局可将其列为B类企业： ①核查期内，企业存在不符合外汇管理相关规定的行为，且在现场核查过程中无法提供合理解释 ②企业未按照规定履行报告义务，如未及时提交相关报告或数据 ③企业未按规定办理贸易外汇业务登记手续，导致信息不完整或错误 ④在国家外汇管理局实施现场核查时，企业未按照要求的时间和方式报告或提供相关资料 ⑤根据国家相关主管部门的联合监管要求，需加强监管的企业 ⑥国家外汇管理局认定的其他需要列为B类企业的情形
C类企业	存在以下任一情况的企业，国家外汇管理局可将其列为C类企业： ①在最近12个月内，因严重违反外汇管理规定而受到国家外汇管理局的处罚，或被司法机关立案调查

续表

企业类型	满足条件
C 类企业	②企业阻挠或拒不接受国家外汇管理局的现场核查工作，或故意向外汇管理局提供虚假材料以误导核查 ③B 类企业在分类监管的有效期内，尽管已接受一段时间的特别监管，但经国家外汇管理局综合评估后，其情况仍不符合 B 类企业的分类标准，表明其合规意识和行为改善不明显 ④因与外汇管理相关的严重违规行为而被国家相关主管部门处罚的企业 ⑤国家外汇管理局根据具体情况认定的其他严重违规情形，需给予更严格的监管措施

根据国家外汇管理局的规定，企业在分类监管期内的外汇管理合规表现将直接影响其分类归属。若 A 类企业在该期间内违反外汇管理规定，将被相应降级为 B 类或 C 类企业。同理，若 B 类企业在分类监管期内合规性状况未有明显改善，将面临分类监管期的延长或直接降级为 C 类企业的后果。值得注意的是，B 类和 C 类企业的分类监管有效期统一设定为 1 年。若这两类企业在有效期内能够严格遵守外汇管理规定，展现合规经营的良好态势，则监管期满后有机会晋升为 A 类企业。

在外汇分类管理的框架下，A 类企业享受一系列便利化的管理措施。具体而言，其进口付汇流程得以简化，仅凭进口报关单、合同或发票等任一能证实交易真实性的单证，即可在银行顺利完成付汇操作。同时，出口收汇环节无须进行联网核查，进一步提升了效率。此外，银行在办理 A 类企业的收付汇业务时，审核手续也相应得到简化。

相比之下，B 类和 C 类企业在贸易外汇收支方面则受到更为严格的监管。B 类企业的贸易外汇收支需经过银行的电子数据核查程序，以确保交易的合规性。而 C 类企业的贸易外汇收支则更为严格，需先经国家外汇管理局逐笔登记后，方可办理相关手续。在分类监管有效期内，B 类和 C 类企业在办理贸易外汇收支业务时，必须严格遵守表 6-2-2 所列的相关规定，以确保业务的合法性和规范性。

表 6-2-2 B 类、C 类企业在分类监管有效期内办理贸易外汇收支业务应遵循的相关规定

企业类型	规定
B 类企业	①单证审核要求：对于采用汇款方式结算的（预付货款、预收货款除外），金融机构需审核相应的进出口货物报关单及进出口合同。使用信用证、托收方式结算时，除按国际结算惯例审核商业单据外，还需审核进出口合同。对于预付货款、预收货款，金融机构应审核进出口合同及发票

续表

企业类型	规定
B 类企业	②电子数据核查：金融机构应对 B 类企业的贸易外汇收支进行电子数据核查，超出可收汇、付汇额度的业务，需凭货物贸易外汇业务登记表（以下简称登记表）办理 ③转口贸易管理：涉及转口贸易外汇收支时，需审核买卖合同、支出申报凭证及相关货权凭证。若同一合同项下转口贸易收入金额超过相应支出金额 20%（不含），则需凭登记表办理 ④特殊交易报告：对于预收货款、预付货款及 30 天（不含）以上的延期收款、延期付款，企业应按规定向所在地国家外汇管理机构报送信息 ⑤期限限制：B 类企业不得办理 90 天（不含）以上的延期付款业务，不得签订包含 90 天以上收汇条款的出口合同。同时，不得办理收支日期间隔超过 90 天（不含）的转口贸易外汇收支业务 ⑥其他管理措施：执行国家外汇管理局规定的其他相关管理措施
C 类企业	①逐笔登记制度：C 类企业的所有贸易外汇收支业务均需逐笔到所在地国家外汇管理机构办理登记手续 ②特殊交易报告：对于预收货款、预付货款及 30 天（不含）以上的延期收款、延期付款，企业同样需按规定向所在地国家外汇管理机构报送信息 ③融资与付款限制：C 类企业不得办理 90 天（不含）以上的远期信用证（含展期）、境外代付等进口贸易融资业务，也不得办理 90 天（不含）以上的延期付款、托收业务，且不得签订包含 90 天以上收汇条款的出口合同 ④转口贸易禁止：C 类企业被禁止办理转口贸易外汇收支业务 ⑤集中收付汇限制：若企业为跨国集团集中收付汇成员公司，则不得继续办理集中收付汇业务；若为主办企业，则整个集团的集中收付汇业务将被停止 ⑥其他管理措施：遵循国家外汇管理局规定的其他相关管理措施

三、跨境电商结汇的基本方式

在当前跨境电商环境下，我国出口跨境电商卖家的结汇方式大致可归结为以下两大类。

1. 直接结汇

直接结汇即卖家可选择自行办理结汇手续或委托专业代理机构代为处理。对于偏好直接结汇的出口跨境电商卖家而言，其操作路径主要有两条：一是自主完成结汇流程，二是委托专业的代理机构代为操作。卖家需确保已依法获得对外贸易经营权，随后在外汇管理部门完成货物贸易外汇收支企业名录的登记，并开设专门的外汇账户。此后，方可按程序办理结汇手续。若涉及通过境外或离岸账户收款，则必须事先取得外汇管理部门的正式批准。

以某出口跨境电商卖家为例，假设其已在银行设立了美元账户，并在交易完成后顺利收取了买家支付的款项。此时，卖家可选择独立办理结汇，依据企业所处的外汇分类管理等级要求，规范完成结汇手续。若卖家倾向于委托外部服务机构代理结汇，则代理机构在收到款项后，将依据双方签订的代理协议，直接将外汇划转至卖家指定账户，或将结汇后的人民币款项汇入卖家账户。

全球速卖通平台为卖家提供了便捷的资金管理服务，包括交易转账、提现及结汇等功能。平台依托其支付清算体系，自动将订单款项释放至卖家对应的资金账户中。针对全球速卖通卖家，无须额外申请支付宝国际账户，店铺一经开通，系统将自动为卖家生成支付宝国际账户。卖家仅需通过全球速卖通账号即可轻松跳转至支付宝国际账户页面。全球速卖通资金账户类型见表 6-2-3。

表 6-2-3　全球速卖通资金账户类型

资金账户	账户类型	币种	功能	转账 / 提现账户要求	到账时间	手续费
全球速卖通账户	CNH 人民币账户	人民币	提现	绑定的银行卡开卡人必须是全球速卖通认证的法人代表	预计 7～14 个工作日	以提现页面提示为准
	CNY 人民币账户	人民币	转账	经过实名认证的境内支付宝账户，个人或公司性质的都可以使用	预计 1～3 个工作日	无
	USD 美元账户	美元	转账	能接收新加坡花旗银行打款的银行账户（具体可咨询开卡银行），最多可以添加 3 张提现银行卡	预计 7 个工作日	每笔 15 美元
		美元→人民币	提现	企业应使用境内企业支付宝账户或企业法人同名的个人支付宝账户	预计 5 个工作日	以结汇页面提示为准
支付宝国际账户	CNY 人民币账户	人民币	转账	①经过实名认证的境内支付宝账户，个人或公司性质的都可以使用 ②同一个支付宝国际账户一次性只能添加一个境内支付宝账户作为人民币转账账户，一个境内支付宝账户可以被添加到多个支付宝国际账户中，并作为转账账户使用，且这种添加没有数量限制	预计 1～3 个工作日	无

续表

资金账户	账户类型	币种	功能	转账 / 提现账户要求	到账时间	手续费
支付宝国际账户	USD 美元账户	美元	转账	①个人账户或公司账户的银行卡均可 ②卖家在设置美元账户时需注意以下3点： A. 账户对应的银行卡是借记卡，不能为信用卡 B. 设置的美元账户能接受境外银行（新加坡花旗银行）以公司名义的美元打款 C. 公司账户必须有进出口权才能接收美元并结汇，必须办理正式报关手续，并在银行端完成相关出口收汇核查、国际收支统计申报之后，才能顺利收汇、结汇 ③同一个支付宝国际账户最多可以添加3张提现银行卡，一张银行卡可以在多个支付宝国际账户中添加，无个数限制	预计7个工作日	每笔15美元
		美元→人民币	提现	企业同名境内企业支付宝账户或企业法人同名的个人支付宝账户	预计5个工作日	以提现页面提示为准

2. 通过第三方支付平台实现收款与结汇一体化服务

根据《支付机构外汇业务管理办法》的相关规定，在国家外汇管理局的监管框架内，支付机构被授权为跨境电商交易双方提供外汇资金的收付及结售汇服务。此类服务由支付机构通过其合作的银行具体执行，确保在收到资金后的第一个工作日（T+1）内完成结售汇及相关资金收付流程。

鉴于出口跨境电商交易具有收款频繁的特点，根据相关管理规定，境内机构可根据自身经营需求，自主决定保留其经常项目下的外汇收入。当前，市场上部分第三方支付工具已支持卖家选择“收取外汇、暂不结汇”的灵活选项，允许卖家直接将收到的外汇存入个人或企业银行账户。

此外，遵循相关管理规定，企业在确保交易真实合法的前提下，不仅可将出口收入存放于境外，还可申请开立专门用于存放出口收入的境外账户。这些境外账户的每一笔收支均需基于真实、合法的交易背景，并严格遵守中国及账户开设所在国家或地

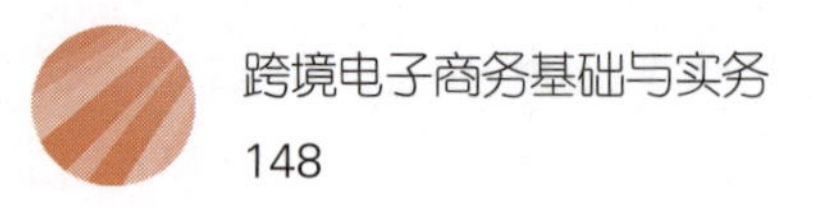

区的法律法规。

就境外账户的具体收支范围而言，收入部分涵盖出口所得、账户资金利息，以及经国家外汇管理局特别批准的其他收入；支出部分则包括贸易相关支出、境外工程承包费用、佣金、运输保险费用、与境外账户直接相关的银行手续费，以及经国家外汇管理局核准或登记的资本项目支出等，所有支出均应符合国家外汇管理局的相关规定。

对于涉及境外账户收支的业务，企业需严格遵守报告制度，即在发生收支的当月结束后 10 个工作日内，通过外汇监测系统如实向国家外汇管理局上报出口收入存放境外的详细收支情况，以确保信息的透明度和合规性。

任务实训

实训目的：

掌握在全球速卖通平台上进行美元结汇操作的具体流程。

实训内容：

某全球速卖通店铺产生了订单，订单回款后需要进行结汇，结汇是美元直接兑换成人民币，不扣除 15 美元的手续费。请从全球速卖通平台进行结汇操作。

实训步骤：

【步骤 1】打开全球速卖通官网，输入用户名和密码登录账户。在账户首页，找到“资金管理”或类似选项，点击进入。在资金管理页面，寻找“结汇管理”或“美金结汇”等相关入口，点击开通结汇功能。

【步骤 2】在结汇功能开通后，根据页面提示填写企业信息，包括企业名称、统一社会信用代码等。确保所有信息准确无误后，提交审核。

【步骤 3】返回账户设置页面，找到“安全设置”或“密码管理”选项。选择“设置国际支付密码”，按照页面指引完成密码设置。国际支付密码应与登录密码有所区别，以增加账户安全性。

【步骤 4】在结汇管理页面，找到“添加结汇账户”选项。选择“支付宝账户”作为结汇目标账户，并输入支付宝账号信息。信息确认无误后，提交添加请求。

【步骤 5】在结汇管理页面，选择“发起结汇”。输入结汇金额，系统将自动显示当前的结算汇率和预计到账时间（通常为 5 个工作日）。结汇信息确认无误后，点击“确认结汇”。系统将生成结汇申请，等待审核通过后，结汇金额将按指定汇率转换为人民币币种并转入支付宝账户。

任务评价

学生完成自我小结并在表 6-2-4 中进行自评打分，教师根据学生表现进行点评并打分。最后按“自我评分 ×40%+ 教师评分 ×60%”的方法计算得分。

表 6-2-4　任务评价表

类别	评价内容	配分	自我评分	教师评分	得分
知识技能	了解跨境电商结汇的基本流程	20			
	了解外汇分类管理制度	20			
	了解跨境电商结汇的基本方式	20			
职业素养	工作态度细致、认真、严谨	10			
	具备一定的团队合作和沟通能力	20			
	具备一定的创新能力	10			
合计					

思考与练习

1. 简述跨境电商结汇的基本流程，并指出在每个步骤中卖家需要特别注意的关键点。
2. 跨境电商卖家可以选择哪些基本的结汇方式？请详细描述直接结汇和通过第三方支付平台结汇的具体操作路径，并比较这两种方式的优缺点。

任务 3　跨境电商税收政策

任务情境

自进入 A 电商公司后，李华对跨境电商税收政策的复杂性有了深刻的认识。他在实际工作中了解到跨境电商涉及多种税种，包括增值税、关税、消费税以及行邮税等。

为确保合规经营并降低税务风险，他决定深入研究这些税种，并了解目标市场的税收制度。

任务分析

跨境电商税收政策在近年来备受关注。其主要涉及进口和出口两大方面，不同模式下的税收政策存在差异。深入了解这些政策，有助于消费者和商家更好地把握跨境电商领域的税收政策的动态走向，进而合理规划贸易策略。在本任务中，我们将学习跨境电商主要税种和跨境电商的税收政策。

相关知识

一、跨境电商主要税种

1. 关税

关税是海关根据相关法律规定，对进出关境的货物和物品征收的税。根据货物的流向，关税可分为出口关税和进口关税。出口关税是出口地的海关对运出境的货物和物品征收的关税；而进口关税则是进口地的海关对进口货物和物品征收的关税。

进口关税的计算公式：进口关税税额 = 完税价格 × 进口关税税率。

2. 进口增值税

增值税是以商品（含应税劳务）在流转过程中产生的增值额作为计税依据而征收的流转税。进口增值税就是进口环节征缴的增值税。

增值税的计算公式：增值税税额 =（完税价格 + 实际征收关税税额 + 实际征收消费税税额）× 增值税税率。

3. 进口消费税

进口消费税是对一些特定的消费品征收的税。它是在对货物普遍征收增值税的基础上，选择少数消费品对其再征收的税种。征收消费税的主要目的是调节商品结构，引导消费方向，并保证国家财政收入。

消费税的计算公式：消费税税额 =（完税价格 + 实际征收关税税额）/（1− 消费税税率）× 消费税税率。

4. 行邮税

行邮税是行李和邮递物品进口税的简称，是海关对个人携带、邮递进境的物品征

收的进口税。它是关税、进口增值税和进口消费税三者合并的替代税种。

行邮税的计算公式：行邮税税额 = 商品完税价格 × 相应行邮税税率。若行邮税税额低于 50 元，则免征税款。

5. 出口退税

出口退税是国家运用税收杠杆奖励出口的一种措施。它主要分为两种：一是退还进口税，即出口产品企业用进口原料或半成品加工制成产品出口时，退还其已缴纳的进口税；二是退还已缴纳的国内税款，即企业在商品报关出口时，退还其生产该商品已缴纳的国内税金。出口退税有利于增强本国商品在国际市场上的竞争力，为世界各国所采用。

二、进口跨境电商的税收政策

1. 直邮模式税收政策

为了适应跨境电商零售进口的发展，我国政府对直邮模式的税收政策进行了调整。根据《关于跨境电子商务零售进口税收政策的通知》，单次交易限值从行邮税政策中的 1 000 元（港澳台地区为 800 元）提升至 2 000 元，同时设定个人年度交易限值为 20 000 元。在限值以内的跨境电商零售进口商品，关税税率暂设为 0%，进口环节增值税、消费税取消免征税额，暂按法定应纳税额的 70% 征收。此项政策旨在鼓励消费者购买跨境商品，同时确保国家税收的稳定。

以进口奶粉为例：税改前行邮税税率为 10%，消费者购买 500 元的商品需缴纳的税额为 500×10%=50 元，实际免税。税改后，同样商品的税率变为关税 0%+（增值税 17%+ 消费税 0%）×70%=11.9%。因此，500 元商品应缴纳的税额为 500×11.9%=59.5 元。

2. 保税自营模式税收政策

保税自营跨境电商进口商品的税收政策与直邮模式相似，但在征税环节上有所不同。保税自营跨境电商进口商品在进入国内市场前，需先缴纳进口关税和进口环节增值税、消费税。消费者购买保税自营跨境电商商品时，只需支付商品价格，无须额外缴纳税款。这一政策有助于降低消费者购买进口商品的成本，从而提升跨境电商平台的竞争力。

3. 保税直邮模式税收政策

保税直邮跨境电商进口商品的税收政策与直邮模式相似，但在征税方面存在差异。保税直邮商品在进入国内市场时，需按照一般贸易方式全额征税。此外，保税直邮商品在通关时，还需遵守相关监管规定。这一政策旨在加强对跨境电商的监管，以保障国家税收和消费者权益。

三、出口跨境电商的税收政策

1. 出口退税政策

为支持跨境电商出口，我国政府对出口商品实施了退税政策。根据《财政部 海关总署 税务总局关于跨境电子商务出口退运商品税收政策的公告》，自该公告印发之日起1年内，在跨境电子商务海关监管代码（1210、9610、9710、9810）项下申报出口的商品，若因滞销、退货原因，在自出口之日起6个月内原状退运进境（不含食品），将免征进口关税和进口环节增值税、消费税；同时，出口时已征收的出口关税将准予退还，出口时已征收的增值税、消费税则参照内销货物发生退货的相关税收规定执行。这一政策有助于降低出口企业的成本，减轻因退货而带来的税收负担。

2. 出口税收优惠政策

我国政府还为出口跨境电商企业提供了一系列的税收优惠政策，其中包括增值税、消费税免税政策等。企业可按照相关规定，享受这些出口税收优惠政策所带来的利好。这一政策的出台，旨在鼓励企业积极拓展国际市场，进一步提升我国跨境电商的整体竞争力。

任务实训

实训目的：

掌握跨境电商主要税种的计算方法。

实训内容：

假设进口一批化妆品，关税完税价格为100万元，关税税率为20%，消费税税率为15%，增值税税率为13%，请确定应缴纳的关税、消费税和增值税。

实训步骤：

【步骤一】计算关税。

关税 =100×20%=20（万元）

【步骤二】计算消费税。

消费税 =［（100+20）÷（1−15%）］×15%≈21.18（万元）

【步骤三】计算增值税。

增值税 =（100+20+21.18）×13%≈18.35（万元）

任务评价

学生完成自我小结并在表 6-3-1 中进行自评打分，教师根据学生表现进行点评并打分。最后按“自我评分 ×40%+ 教师评分 ×60%”的方法计算得分。

表 6-3-1　任务评价表

类别	评价内容	配分	自我评分	教师评分	得分
知识技能	了解跨境电商主要税种	20			
	了解进口跨境电商的税收政策	20			
	了解出口跨境电商的税收政策	20			
职业素养	工作态度细致、认真、严谨	10			
	具备一定的团队合作和沟通能力	20			
	具备一定的创新能力	10			
合计					

思考与练习

1. 简述跨境电商主要涉及哪些税种，并解释进口增值税和进口消费税的计算方式。
2. 解释直邮模式税收政策的主要内容和目的，并举例说明税改前后进口商品税额的变化。
3. 某消费者通过跨境电商平台购买了一件价值 2 000 元的进口商品，该商品属于直邮模式。请计算该消费者需要缴纳的跨境电商综合税额（假设增值税税率为 17%，消费税税率为 0%）。

项目七 跨境电商物流

项目概述

近年来，随着跨境电商业态的快速发展，跨境电商物流服务水平得到了显著提升，为企业的发展提供了更多便利。跨境物流是国内物流的延伸，它扩大了物流的流通范围，为跨境电商业务的开展提供了更多选择和可能。同时，跨境物流也促进了国际贸易的发展，推动了全球经济的繁荣。深入研究和优化跨境物流策略，对于跨境电商企业而言具有至关重要的战略意义。

学习目标

知识目标

1. 了解跨境物流的主要运作方式。
2. 熟悉国际邮政物流的优劣势、规格限制和适用范围。
3. 熟悉跨境专线物流的优劣势、规格限制和适用范围。
4. 熟悉国际商业快递的优劣势、规格限制和适用范围。
5. 熟悉海外仓物流的主要方式、优劣势和适用范围。
6. 掌握跨境物流运费的计价方法。

技能目标

能够结合店铺规则和客户情况，选择适合的跨境物流方式。

素养目标

1. 培养统筹规划意识、物流成本意识和全局意识。
2. 培养诚实守信、遵纪守法的职业道德。
3. 培养互联网思维和创新思维。

任务 1　认识和选择跨境物流方式

任务情境

李华在店铺后台接收到几笔来自海外不同国家客户的订单，每位客户都提出了不同的发货要求，这使他面临一个挑战：如何为这些订单选择合适的跨境物流方式?

任务分析

一般来说，小卖家倾向于选择平台提供的物流服务，而大卖家则需要更多地考虑整合物流资源，以确定更加适合的跨境物流方式。例如，可以选择国际商业快递、海外仓物流等渠道，以提升物流效率并降低物流成本。同时，还可以根据买家的具体需求和产品的特性，灵活选择不同的物流方式，以满足多样化的物流需求。在本任务中，我们将学习跨境物流的基本概念和主要运作方式，以及选择跨境物流方式要考虑的因素。

相关知识

一、跨境物流概述

跨境物流是指以海关关境两侧为端点的实物和信息有效流动、存储的计划、实施和控制管理的过程。可以说，跨境物流是跨越国界的、流通范围扩大了的“物的流通”。尽管跨境物流具有一定的国内物流属性，但由于其特殊的跨国流通性，与国内物流相比还是存在许多不同之处，主要表现在以下几个方面。

1. 物流环境差异大

跨境物流面对的是全球各个国家和地区，因此需要应对不同国家的法律、政策、文化、语言等方面的差异。这也使得跨境物流的环境更加复杂而广泛。在运输产品的

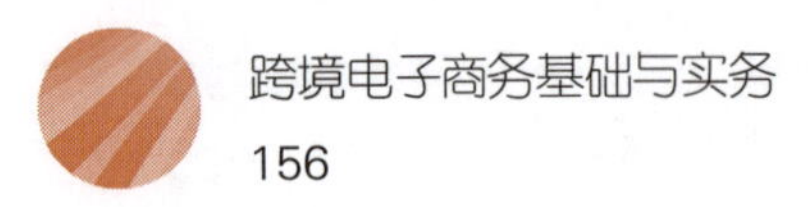

种类方面，跨境物流也有着严格的要求。例如，液体、粉末等类别的商品在过境时需要提交大量的认证和审核文件，这类商品是海关的重点关注对象。

2. 物流作业复杂程度不同

跨境物流在运输过程中需要用到多种语言形式的物流单证，增加了物流作业的难度。这要求卖家既能够有效处理跨国货物的运输和报关事务，也需要了解不同国家的要求，从而准备相应的单证和报关单，以便顺利完成物流作业。

3. 运输方式不同

目前国内物流陆运占比较大，而跨境物流由于运输路程更远，一般需要通过空运、海运、陆运等多种运输方式的配合，通常要经过两次以上的运输。例如，某跨境电商交易商品需要先从中国空运到泰国，再在泰国通过陆运的方式配送给消费者。跨境运输中如果发生意外，相较国内运输而言，经济损失会更大。

4. 物流费用、时间和面临的风险不同

由于跨境物流运输距离较远，且面临出口国和进口国两重海关，需要进行较为复杂的检验检疫等清关商检活动，因此发生货物破损、丢失等风险相对较高，并且物流所需时间长、成本高。此外，跨境物流还要受不同国家或地区的经济、文化、风俗、政治、政策、法律、宗教等环境因素差异的影响。而国内物流在运作流程上相对更加便捷，运送周期短，运作风险与成本低。

二、跨境物流的主要运作方式

与跨境电商的交易方式相匹配，跨境物流的运作方式也可以划分为 B2B 跨境物流方式和 B2C 跨境物流方式。B2B 跨境物流方式，指的是企业之间进行跨境电商交易时所采用的物流方式。它通常涵盖海运、空运、陆运等多种物流方式。企业可以根据不同的产品和需求选择最合适的物流方式。B2C 跨境物流方式，则指的是企业与消费者之间进行跨境电商交易时所采用的物流方式。跨境卖家可以通过与专业的物流企业合作，利用其优质的服务为消费者提供快速、便捷的物流服务，从而提升消费者的满意度。

从货物规格的角度来看，跨境物流的运作方式又可以分为批量货物跨境物流方式和零散货物跨境物流方式。批量货物跨境物流方式，指的是将大量货物通过跨境物流方式进行运输和交付的方式。它通常包括海运、空运和陆运，特别适用于大宗商品和大量货物的跨境运输。零散货物跨境物流方式，指的是将零散货物通过跨境物流方式进行运输和交付的方式。该方式特别适用于小规模的跨境电商业务。通过与专业的物流企业合作，卖家可以选择最合适的物流渠道和运输方案，以实现零散货物的快速、

安全交付。

三、选择跨境物流方式需考虑的因素

跨境电商卖家在选择物流方式时，需要注意以下四个方面的因素。

1. 卖家的实际需求

卖家需明确自己所需的物流方式及目标地区的物流服务商。国际快递渠道多样，每种渠道针对不同国家和地区的优势各异。因此，卖家应根据自身实际需求，筛选出符合要求的物流方式。

2. 各种物流方式的特点及服务内容

卖家需了解各种物流方式所能提供的服务内容，如是否提供仓储、打包、系统软件等服务。以仓储服务为例，卖家需明确物流服务商提供的仓储地点、条件等。目前，邮政物流、商业快递、专线物流等均可提供打包、贴运单等服务。

卖家可选取几种符合要求的物流方式进行对比，从中选出最适合自身需求的物流方式。在选择时应遵循三个原则：一是尽量让买家随时了解货物的物流信息；二是尽量保证商品在买家期望的运送时间内送达；三是在保证安全、可追踪、时效性强、可控性强的前提下，尽量追求高性价比。

3. 平台资源支持力度

跨境电商平台对企业选择物流方式的资源倾斜程度也是卖家制定物流方案的重要参考。例如，亚马逊对 FBA 的资源支持，不仅可以提升物流时效，还有助于提高产品曝光度、排名等。因此，在同等条件下，亚马逊平台卖家往往优先选择亚马逊 FBA。总之，依托第三方跨境电商平台的卖家应充分利用平台提供的资源支持，选择有利于销售业绩稳步发展的物流方式。

4. 买家需求

当买家追求高性价比时，邮政物流和专线物流是更适用的选择，卖家可以选择最经济实惠的运输方式。若买家对物流时效没有特别要求，邮政小包可作为一种经济实惠的物流方式。为了给买家提供更好的购物物流体验，也可考虑选择国际快递和海外仓物流，但这通常更适用于高附加值的产品。

任务实训

实训目的：

掌握跨境物流方式。

实训内容：

仔细阅读表 7–1–1 中的“情境描述”，结合所学，选择对应的跨境物流方式，并在相应的位置打“√”。

实训步骤：

【步骤 1】仔细阅读每一个情境描述，理解其背景和需求。

【步骤 2】根据所学的跨境物流知识，分析每一种跨境物流方式的特点和适用场景。

【步骤 3】将情境描述与跨境物流方式的特点进行匹配，选择最合适的跨境物流方式。

表 7–1–1　选择合适的跨境物流方式

序号	情境描述	跨境物流方式			
		国际邮政物流	国际商业快递	专线物流	海外仓物流
1	采用 UPS 运输商品到美国，属于哪一种跨境物流方式？				
2	买家要求高性价比时，可以选择哪一种跨境物流方式？				
3	哪一种跨境物流方式运输速度快、服务质量高、时效性强，但运费成本相对较高，且对货物的限制较多？				
4	Deutsche Post 属于哪一种跨境物流方式？				

任务评价

学生完成自我小结并在表 7–1–2 中进行自评打分，教师根据学生表现进行点评并打分。最后按“自我评分 ×40%+ 教师评分 ×60%”的方法计算得分。

表 7-1-2　任务评价表

类别	评价内容	配分	自我评分	教师评分	得分
知识技能	了解跨境物流的基本概念	20			
	了解跨境物流的主要运作方式	20			
	了解选择跨境物流方式需考虑的因素	20			
职业素养	工作态度细致、认真、严谨	10			
	具备一定的团队合作和沟通能力	20			
	具备一定的创新能力	10			
合计					

思考与练习

1. 简述跨境物流的基本概念，并列举跨境物流与国内物流相比存在的主要不同之处。
2. 假设你是一家跨境电商企业的物流经理，需要为两种不同类型的跨境电商交易选择合适的物流方式：一种是 B2B 跨境电商交易，涉及大量电子产品的跨国运输；另一种是 B2C 跨境电商交易，主要涉及小件日常用品的快速配送。请分别为这两种情况选择合适的跨境物流方式，并解释你的选择理由。
3. 一家跨境电商企业计划开拓新市场，需要在多个可选的跨境物流方式中作出选择。请列举并解释在选择跨境物流方式时，该企业需要考虑的主要因素，并讨论这些因素如何影响最终的物流方式选择。

任务 2　国际邮政物流

任务情境

李华在店铺后台接收到几笔来自不同海外国家客户的订单。经过比较分析，他决定采用国际邮政小包方式进行发货。全球速卖通平台提供了多种邮政小包物流服务，李华决定对比各种服务的优缺点、价格以及运送限制，以确定最合适的发货方式。

任务分析

跨境电商卖家都期望能选择到合适的物流服务商，以确保商品能够顺利、安全、准确地送达客户手中，这样他们就能更专注于销售，进而提升店铺的营业额。国际邮政物流，是指由各国家或地区的邮政部门所提供的物流系统，如中国邮政小包、新加坡邮政小包，以及其他各类邮政小包等。在本任务中，我们将深入学习国际邮政物流的相关知识。

相关知识

国际邮政小包是跨境电商卖家的主要发货方式之一。它通常由邮政公司提供，具有价格低廉、快递便捷、可跟踪等优点，非常适合发货量较小、价值不高的商品。卖家可以根据自身情况选择合适的服务商（见图 7–2–1），以提高发货速度和物流效率，从而更好地满足客户需求。

比利时邮政小包

瑞典邮政小包

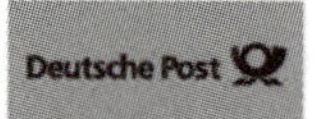

德国邮政小包

荷兰邮政小包

新加坡邮政小包

中国邮政小包

瑞士邮政小包

图 7–2–1　国际邮政小包服务商

一、中国邮政小包

中国邮政小包也被称作邮政小包或航空小包，是中国邮政基于万国邮政联盟网络，专为小件物品提供的直发寄递服务。特指那些包裹质量在 2 kg 以内，外包装长、宽、高之和小于 90 cm，且最长边小于 60 cm，通过中国邮政空邮服务寄往国外的小邮包。

1. 中国邮政小包的种类

中国邮政小包主要分为两种类型：中国邮政平常小包（China Post Ordinary Air Mail）和中国邮政挂号小包（China Post Registered Air Mail），这两种类型的小包都可以寄达全球的各个邮政网点。其中，中国邮政平常小包是专门针对订单金额在 5 美元以下、质量在 2 kg 以下的小件物品推出的空邮产品，其运送范围覆盖全球 54 个国家和地区。而中国邮政挂号小包则是针对质量 2 kg 以下的小件物品推出的空邮产品，其运送范围覆盖全球 56 个国家和地区。

2. 中国邮政小包的包裹质量和尺寸限制

中国邮政小包的包裹质量和尺寸限制见表 7-2-1。

表 7-2-1　中国邮政小包的包裹质量和尺寸限制

包裹形状	质量限制	单件最大尺寸限制	单件最小尺寸限制
方形（常规）包裹	单件包裹质量小于 2 kg	包裹的长、宽、高之和不超过 90 cm，最长边的长度不超过 60 cm	包裹长度不小于 14 cm，宽度不小于 9 cm
卷轴状包裹		包裹直径的两倍和长度合计不超过 104 cm，包裹长度不超过 90 cm	包裹直径的两倍和长度合计不小于 17 cm，包裹长度不小于 10 cm

3. 中国邮政小包的特点

中国邮政小包是全球速卖通、eBay、敦煌网等主流跨境电商平台所认可的物流解决方案之一，它能够为客户提供经济实惠、清关便捷的轻小件寄递服务。

中国邮政小包的优势主要体现在以下几个方面。

（1）支持线上线下两种发货渠道，线上渠道提供上门揽收、客户自送等多种寄递方式，灵活便捷。

（2）运费相对较低，成本优势明显。

（3）部分路向可提供航空、陆运等多种运输方式，满足多样化需求。

（4）在海关享有绿色通道特权，清关能力强，通关效率高。

（5）可邮寄的物品品类较多，适用范围广。

中国邮政小包也存在以下一些不足之处。

（1）限重较低，仅接受质量在 2 kg 以下的包裹。如果包裹超过限重，就需要将其分成多个包裹进行邮寄，这可能会增加操作的复杂性。

（2）运送时间相对较长，不适合运送对时效要求较高的商品。

总体来说，中国邮政小包是一种性价比较高的物流方式，特别适合邮寄单个包裹质量较轻、价格要求实惠且对时限、跟踪查询要求较低的商品。但需要注意的是，由于中国邮政小包属于民用包裹，海关对个人邮递物品的验放也有一定的限制。因此，如果要寄送数量过多的商品，不宜选择这种物流方式。

4. 中国邮政小包物流运费计价方法

中国邮政小包物流运费计价方法见表 7–2–2。

表 7–2–2　中国邮政小包物流运费计价方法

类型	说明	计价标准	计算公式
中国邮政平常小包	适合订单金额 5 美元以下、质量 2 kg 以下的小件物品	运费根据包裹质量按克（g）计费，1 g 起重，每个单件包裹限重在 2 kg 以内	运费总额 = 标准资费 × 实际质量 × 折扣
中国邮政挂号小包	适合包裹质量在 2 kg 以下的小件物品		

二、新加坡邮政小包

新加坡邮政小包是递四方与新加坡邮政联合推出的物流服务，它主要包括挂号邮件和平邮两种业务类型。其中，挂号邮件凭借更快的物流时效和更优质的服务质量，特别适合大卖家的物流需求。平邮因价格更加实惠，故更适合小卖家的物流需求。

新加坡邮政小包的包裹质量和尺寸限制见表 7–2–3。

表 7–2–3　新加坡邮政小包的包裹质量和尺寸限制

包裹形状	质量限制	单件最大尺寸限制	单件最小尺寸限制
方形（常规）包裹	单件包裹质量小于 2 kg	单件包裹的长、宽、高之和不超过 90 cm，最长边的长度不超过 60 cm	包裹表面尺寸不得小于 9 cm × 14 cm
卷轴状包裹		包裹直径的两倍和长度合计不超过 104 cm，包裹长度不超过 90 cm	包裹直径的两倍和长度合计不小于 17 cm，包裹长度不小于 10 cm

新加坡邮政小包的服务范围广泛，全球凡是有邮局的地方均可到达（极少数国家和地区除外），交寄非常便利。而且，包裹质量达到 10 g 即可邮寄，且按包裹总质量收费，因此它具有明显的价格优势。此外，新加坡邮政小包还可以寄送带电池的商品，这也是其一大优势。

三、中国邮政航空大包

中国邮政航空大包又称中邮大包、航空大包或国际大包，是通过邮政空邮服务寄往国外的大邮包。中邮大包主要分为普通大包和挂号大包两种类型。普通大包空邮费率较低，但不提供物流跟踪查询服务；挂号大包空邮费率稍高，但可以提供网上物流跟踪查询服务。对于时效性要求不高而质量稍大的货物，可以选择使用中邮大包进行寄送。总的来说，中邮大包是一种非常适合小卖家的跨境物流方式，它有助于降低运营成本，提高运营效率。

中国邮政航空大包的特点如下。

（1）运费以首重 1 kg、续重 1 kg 的计费方式结算，价格比国际 EMS 低，且与国际 EMS 一样不计算体积质量，没有偏远附加费，与商业快递相比具有明显的价格优势。

（2）可寄达全球 200 多个国家和地区，通达国家多且清关能力非常强。

（3）中邮大包的运单简洁明了，操作方便快捷。

（4）部分目的地国家和地区限重为 10 kg，最重不超过 30 kg。

任务实训

实训目的：

掌握不同类型的国际邮政物流方式。

实训内容：

对比分析中国邮政平常小包、中国邮政挂号小包及新加坡邮政小包三种国际邮政物流方式，将表 7-2-4 填写完整。

实训步骤：

【步骤 1】利用网络搜索引擎，查找每种物流方式的官方网站和相关介绍。搜集并分析每种物流方式的主要特点、寄送时效、包裹质量限制范围、包裹体积尺寸标准以及计价标准和计算公式等信息。

【步骤 2】填写表 7-2-4。

【步骤 3】对整个实训过程进行总结，思考如何将这些知识应用到未来的学习和工作中。

表 7-2-4　国际邮政物流方式比较

邮政物流方式	主要特点	寄送时效	包裹质量限制范围	包裹体积尺寸标准	计价标准和计算公式
中国邮政平常小包					
中国邮政挂号小包					
新加坡邮政小包					

任务评价

学生完成自我小结并在表 7-2-5 中进行自评打分，教师根据学生表现进行点评并打分。最后按“自我评分 ×40%+ 教师评分 ×60%”的方法计算得分。

表 7-2-5　任务评价表

类别	评价内容	配分	自我评分	教师评分	得分
知识技能	了解中国邮政小包物流方式	20			
	了解新加坡邮政小包物流方式	20			
	了解中国邮政航空大包物流方式	20			
职业素养	工作态度细致、认真、严谨	10			
	具备一定的团队合作和沟通能力	20			
	具备一定的创新能力	10			
合计					

思考与练习

1. 简述中国邮政小包的优势与不足，并说明它适合邮寄哪些类型的商品。
2. 对比中国邮政小包和新加坡邮政小包在物流时效、服务质量、价格以及可邮寄物品品类方面的差异，并分析哪种物流方式更适合大卖家使用。
3. 假设你需要通过中国邮政平常小包邮寄一个 1 500 g 的包裹，标准资费为每克 0.05 元，折扣为 8 折。请计算该包裹的物流运费总额。

任务 3　跨境专线物流

任务情境

李华在店铺后台接收到几笔来自不同海外国家的客户订单。经过比较分析，他决定采用专线物流方式进行发货。全球速卖通平台提供了多种专线物流服务可供选择，李华决定对比各种专线物流的优缺点、价格以及运送限制后，确定最合适的跨境专线物流方式。

任务分析

跨境专线物流是跨境电商拓展国际市场的关键物流方式，它有助于降低物流成本，并显著提升运营效率。通过整合全球资源并与海外快递公司建立合作关系，跨境专线物流能够提供更快、更经济、更可靠的物流服务，可满足跨境电商的多样化需求。在本任务中，我们将深入学习跨境专线物流的相关知识。

相关知识

跨境专线物流在跨境电商发展中扮演着举足轻重的角色。下面将重点介绍中国邮政的跨境专线物流产品——e 邮宝和 e 特快。

一、e 邮宝

e 邮宝（ePacket）是中国邮政速递物流针对跨境电商轻小件物品寄递需求而推出的经济型国际速递业务，又称中邮 e 邮宝。该业务主要依托 EMS 网络进行发运，包裹出口至境外邮政后，再通过目的地邮政的轻小件网络进行投递。总体而言，e 邮宝是一种便捷、经济的跨境物流方式。e 邮宝的包裹质量和尺寸限制见表 7-3-1。

表 7-3-1　e 邮宝的包裹质量和尺寸限制

包裹形状	质量限制	单件最大尺寸限制	单件最小尺寸限制
方形（常规）包裹	单件包裹质量小于 2 kg	包裹的长、宽、高之和不超过 90 cm，最长边的长度不超过 60 cm	包裹长度不小于 14 cm，宽度不小于 11 cm
卷轴状包裹		包裹直径的两倍和长度合计不超过 104 cm，包裹长度不超过 90 cm	包裹直径的两倍和长度合计不小于 17 cm，包裹长度不小于 11 cm

此外，e 邮宝为客户提供包裹收寄、出口封发、进口接收的实时跟踪查询信息，但不提供包裹签收信息，仅提供投递确认信息。客户可通过 EMS 网站、寄达地邮政网站或拨打客服专线查询包裹的跟踪信息。

e 邮宝业务已开通美国、加拿大、澳大利亚、英国、法国、俄罗斯、以色列、沙特阿拉伯等国的路线。它是全球速卖通、eBay 等主流跨境电商平台认可和推荐的物流渠道之一，平均时效为 7～15 个工作日。

e 邮宝的物流运费计价方法见表 7-3-2。

表 7-3-2　e 邮宝物流运费计价方法

类型	说明	计价标准	计算公式
e 邮宝	适合包裹质量在 2 kg 以下的小件物品	运费根据包裹质量按克（g）计费，1 g 起重，每个单件包裹限重在 2 kg 以内	运费总额 = 标准资费 × 实际质量 + 操作处理费

二、e 特快

e 特快是中国邮政针对跨境电商客户的寄递需求而精心设计的高端跨境电商物流服务产品。该服务提供全程包裹跟踪信息，使客户能够随时了解包裹的实时状态。

目前，e 特快已经开通了包括日本、韩国、新加坡、英国、法国、加拿大、澳大利亚、西班牙、荷兰、俄罗斯、巴西、乌克兰、白俄罗斯等在内的多条路线，并计划根据市场需求进一步拓展更多路线。总体而言，e 特快以其快捷、安全、可靠的特点，成为跨境电商提高运营效率、满足多样化商品寄递需求的重要物流方式。

关于 e 特快的质量和体积限制，具体规定如下。

（1）质量限制：除寄达邮政另有规定外，每件包裹限重 30 kg。对于内装易碎物品或流质物品的邮件，每件限重 10 kg。寄往西班牙、乌克兰、白俄罗斯的包裹限重为 20 kg。

（2）体积限制：非圆筒形货物的最大尺寸为长 1 050 cm，最大周长 2 000 cm；圆筒形货物的尺寸限制为直径的 2 倍加长度≤1 040 cm，且长度≤900 cm。同时，非圆筒形货物的最小尺寸要求包装箱（盒）至少有一个面的长度≥215 cm，宽度≥130 cm；圆筒形货物的最小尺寸要求长度≥300 cm，直径≥60 cm。

需要注意的是，在使用 e 特快服务时，如果寄达国邮政对国际特快邮件的质量、尺寸有额外规定，应按照寄达国邮政的相关规定执行。此外，e 特快实行计泡收费方式，即根据包裹的体积质量和实际质量中的较大者作为计费质量，再按照资费标准计算邮费。体积质量的计算公式为：包裹体积质量（kg）= 长（cm）× 宽（cm）× 高（cm）/6 000。其中，包裹的长、宽、高按照包裹外包装自然外廓的最长、最宽、最高部位尺寸进行计算。目前，对于单边长度达到 60 cm 及以上的包裹，将实施计泡收费。

三、跨境专线物流的特点

跨境专线物流的优点之一就是经济实惠。由于能够集中大批量货物发往目的地，通过规模效应降低了成本，因此，跨境专线物流的价格相较于商业快递更为低廉，同时其速度又比邮政小包快，丢包率也相对较低。然而，与邮政小包相比，跨境专线物流的运费成本确实要高一些，并且其在国内的揽收范围相对有限，覆盖的地区还有待进一步扩大。总的来说，尽管跨境专线物流存在一些缺点，但其优点仍然远远大于缺点，是跨境电商拓展国际市场的重要选择。

任务实训

实训目的：

掌握跨境专线物流运费的计算方法。

实训内容：

一位美国客人从某全球速卖通店铺购买了 1 件女士外套，质量为 350 g（包装纸箱质量为 180 g），商品单价为 49 美元。请确定采用 e 邮宝作为发货方式的运费。全球速卖通平台 e 邮宝的运费报价：资费为 0.065 美元 /g，处理费为 15 美元 / 件。

实训步骤：

【步骤 1】确定商品及包装总质量。

总质量 = 商品质量 + 包装纸箱质量 =350+180=530（g）

由于 e 邮宝通常按克计费，且不足 50 g 按 50 g 计算，我们需要将总质量向上取整到最近的 50 g 倍数。计费质量为 550 g。

【步骤 2】确定 e 邮宝运费报价表。美国的 e 邮宝运费报价资费为 0.065 美元 /g，处理费为 15 美元 / 件。

【步骤 3】根据运费标准计算运费。

运费 = 计费质量 × 资费标准 / 克 + 处理费 =550×0.065+15=50.75（美元）

任务评价

学生完成自我小结并在表 7-3-3 中进行自评打分，教师根据学生表现进行点评并打分。最后按“自我评分 ×40%+ 教师评分 ×60%”的方法计算得分。

表 7-3-3　任务评价表

类别	评价内容	配分	自我评分	教师评分	得分
知识技能	了解 e 邮宝物流产品	20			
	了解 e 特快物流产品	20			
	了解跨境专线物流的特点	20			

续表

类别	评价内容	配分	自我评分	教师评分	得分
职业素养	工作态度细致、认真、严谨	10			
	具备一定的团队合作和沟通能力	20			
	具备一定的创新能力	10			
合计					

思考与练习

1. 请简述 e 邮宝的主要特点，并列举至少 3 条已开通的 e 邮宝路线。
2. 分析跨境专线物流在跨境电商发展中的重要性，并讨论其主要优点与存在的局限性。

任务 4　国际商业快递

任务情境

一位德国客户在李华的店铺购买了一条精品珍珠项链，该客户对物流时效性提出了较高要求，希望能在 7 天内收到货物。为了进一步满足客户需求，为其提供优质的物流服务体验，李华在与客户沟通后，决定采用国际商业快递进行发货。为此，他需要进一步了解国际商业快递的类型、价格以及时效等相关信息。

任务分析

国际商业快递在跨境电商交易中扮演着举足轻重的角色。它能够提供更为快速、稳定的物流服务，助力跨境电商卖家满足客户的时效需求，从而提升客户满意度。同时，商业快递公司还提供了丰富的物流跟踪和保障服务，有助于跨境电商卖家提高运营效率，降低物流风险。跨境电商卖家可以根据自身需求，选择不同的国际商业快递公司，以满足多样化的物流需求。在本任务中，我们将学习国际商业快递的相关知识。

相关知识

在跨境电商中，常用的商业快递方式主要包括 EMS、FedEx、DHL、TNT、UPS 等，它们在运输渠道和服务内容上各具特色。例如，EMS 主要依托邮政网络进行发运，价格相对较低，特别适合轻小件物品的寄递；而 DHL、FedEx 等则以其快速、可靠的物流服务脱颖而出，更适合高价值商品的运输。不同商业快递公司在运输渠道和服务内容上展现出不同的特点。

一、EMS

EMS 是中国邮政集团旗下中国速递服务公司所提供的一种快递服务。它主要经营国际、国内 EMS 快递业务。EMS 的业务网络覆盖全球 200 多个国家和地区，以及国内近 2 000 个城市。同时，EMS 在海关、航空等部门均享有优先处理权，能够以高速度、高质量为用户传递国际、国内的紧急信函、文件资料、商品等各类物品。

规格限制方面，单件货物质量不能超过 30 kg，且每票货只能包含一件物品；若货物单边长度超过 60 cm（含 60 cm），则需要按照体积质量计费，计费公式：长 × 宽 × 高 ÷ 计费系数（注意："计费系数"是一个国际标准，但不同的商业快递公司可能会采用不同的计费系数，例如，有些快递公司的计费系数为 5 000，而有些则为 6 000）。

EMS 的优势在于快速清关，它无须提供商业发票即可完成清关，且享有优先通关的权利。EMS 承诺的时限是客户交寄邮件的最大运递时限，但实际运递时间往往比承诺时限更短。一般来说，EMS 运递时间仅需 3～5 天。若因 EMS 的原因导致邮件的实际运递时间超过了承诺的时限，EMS 会退还已收取的邮件资费。总体而言，EMS 以其快速、安全的特点，能够为跨境电商提供高质量的物流服务。

二、FedEx

FedEx（联邦快递）是全球颇具规模的速递运输公司，其服务范围覆盖全球 200 多个国家和地区，能够为客户提供隔夜快递、地面快递、重型货物运送等全方位的物流服务。联邦快递的常规物流服务主要包括联邦快递优先服务和联邦快递经济服务，这两种服务的区别主要在于时效和价格：联邦快递优先服务的时效快，但价格较高；而联邦快递经济服务的时效相对较慢，价格则较低。

相较于 DHL 和 UPS，FedEx 在货物质量方面展现出独特的优势。它不仅在 10 kg 以下的货物中具有价格优势，而且在 21 kg 以上的货物中同样表现出价格优势。

FedEx 网点布局广泛，即使是一些偏远地区也能覆盖到。因此，在选择快递服务时，如果目的地是偏远地区，选用其他快递可能需要支付额外的偏远附加费，而选择 FedEx 则无须担心这一问题。此外，FedEx 特别适合运送 21 kg 以上的货件，其网站信息更新迅速、查询响应速度快。然而，与其他商业快递相比，FedEx 的价格稍高，且需要计算货件的体积质量，同时对托运货物的种类有较为严格的限制。

三、DHL

DHL 是一家全球性的物流服务公司，成立于 1969 年，现隶属于德国邮政全球网络。DHL 在全球快递、洲际运输和航空货运领域处于领先地位，同时也是全球顶尖的海运和合同物流提供商。DHL 与中国对外贸易运输总公司合资成立了中外运敦豪，成为最早进入中国市场、经验丰富的国际快递公司之一。DHL 拥有全球极为完善的速递网络，其服务范围覆盖 220 个国家和地区的 12 万个目的地。

DHL 的时效优势显著，正常情况下 2～6 个工作日即可实现货通全球。特别是在欧洲和东南亚地区，其快递速度极快，从德国到其他欧洲地区仅需 3 个工作日，到达东南亚地区更是仅需 2 个工作日。DHL 的派送网络遍布世界各地，且其查询网站上货物状态的更新及时准确。

此外，DHL 还支持托盘、集装箱等类型的货物运输，能够为客户提供国际空运、国际海运、公路运输、铁路货运等多种形式的国际货物运输服务。概括来说，DHL 具有运输速度快、覆盖范围广、物流信息更新及时等优势，但其收费相对较高，且需要计算货物的体积质量。

四、TNT

TNT 国际快递集团是全球领先的快递邮政服务供应商，致力于为企业和个人客户提供全方位的快递和邮政服务，公司总部设在荷兰阿姆斯特丹，目前已被联邦快递收购。TNT 拥有欧洲最大的空陆联运快递网络，能够实现门到门的递送服务，并通过扩大全球范围内的运营规模来优化网络效能。

TNT 于 1988 年进入中国市场，拥有 26 家国际快递分公司及 3 个国际快递口岸，同时拥有国内最大的私营陆运递送网络，服务覆盖中国 500 多个城市。

TNT 为客户提供了多种全球快递服务项目。对于紧急的包裹和货物，客户可以选择 TNT 全球快递服务，以确保其在规定的时间内送达；而对于不十分紧急的包裹和货物，客户则可以选择 TNT 经济快递服务。

除了标准的快递服务外，TNT 还可以为客户提供定制化的解决方案，如专车派送、专人派送、专机派送等，以满足客户对于加急派送或需要特殊照顾的货物的需求。

这样能够保证货物安全、准时地送达目的地。

在运费方面，除了基本运费外，TNT 还会根据实际情况收取燃油附加费、偏远地区附加费和加强安全附加费。其中，由于燃油价格的波动，燃油附加费也会随之变动。加强安全附加费是 TNT 为了保护客户货物安全而收取的额外费用，用于执行额外的程序、活动和投资。需要注意的是，所有货物均会收取加强安全附加费，以部分抵消其他附加费用。

五、UPS

UPS 是一家全球性的快递承运商与包裹递送公司，同时也是专业的运输、物流、资本与电商服务提供商。UPS 可以为客户提供六种保证确定时间和确定日期送达的国际快递服务，即 UPS 全球特快加急服务（UPS Worldwide Express Plus）、UPS 全球特快服务（UPS Worldwide Express）、UPS 全球特快货运（UPS Worldwide Express Freight）、UPS 全球特快货运日中送达服务（UPS Worldwide Express Freight Midday）、UPS 全球速快服务（UPS Worldwide Express Saver）和 UPS 全球快捷服务（UPS Expedited）。

UPS 的优势主要体现在以下几点。

（1）物流时效快。UPS 的物流时效非常快，一般正常情况下，UPS 快递的时效在 2～5 天，因此能够提供更快捷的货运服务。

（2）航空班次频繁。UPS 拥有充足的航班递送货物，例如香港 UPS，每天都有 2～4 班航班进行货物运输，更能及时满足客户的货运需求。充裕的航班意味着承运能力强，物流旺季不易排仓。

（3）价格优势。UPS 在部分地区拥有显著的价格优势，特别是美洲地区，以美国、加拿大、墨西哥、波多黎各这 4 个国家为代表，在递送 5～10 kg 以及 21 kg 以上质量段的邮件时，不仅物流时效快，而且价格非常低。除此之外，UPS 在英国、德国、法国、西班牙、意大利等欧洲国家也有不错的时效与价格优势。

（4）末端派送能力强。UPS 快递的末端派送能力非常强，特别是在欧美地区，很多亚马逊平台卖家的 FBA 头程、海派等运输方式的末端派送基本都是由 UPS 负责。

六、国际商业快递运费计价方法

（1）当寄递物品的实际质量大于体积质量时，运费计算公式：

运费 = 首重运费 +[质量（kg）×2−1]× 续重运费

例如，对于 7 kg 的货品，若首重运费为 20 元，续重运费为 9 元，则：运费 = 20+（7×2−1）×9=137（元）

（2）当寄递物品的实际质量小于体积质量时，运费需先按体积标准收取，再按照上述公式计算总运费。体积质量的计算公式：

规则物品的体积质量（kg）= 长（cm）× 宽（cm）× 高（cm）÷ 计费系数

不规则物品的体积质量（kg）= 最长（cm）× 最宽（cm）× 最高（cm）÷ 计费系数

（3）总运费的计算公式：

总运费 =（运费 + 燃油附加费）× 折扣 + 包装费用 + 其他费用

通过上述方法，可以准确计算出国际商业快递的运费。在实际操作中，还需注意不同快递公司可能存在的特别规定和费用调整情况。

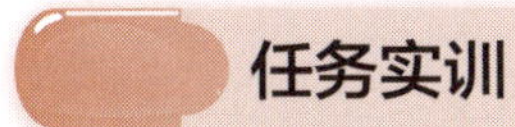

任务实训

实训目的：

掌握国际商业快递运费的计价方法。

实训内容：

一位西班牙客户在某店铺购买了一件女士衬衫，包装质量为 450 g，包装尺寸为 20 cm × 10 cm × 8 cm，卖家拟选用 UPS 商业快递邮寄，请计算运费（假设中国到西班牙的运费报价为首重 230 元 /0.5 kg，续重为每增加 0.5 kg，运费增加 62 元；假设体积质量的计费系数为 6 000；计算结果四舍五入，小数点后保留两位小数）。

实训步骤：

【步骤 1】计算体积质量。

体积质量（kg）= 长（cm）× 宽（cm）× 高（cm）÷ 计费系数 =20 × 10 × 8 ÷ 6 000 ≈ 0.266 7（kg），四舍五入后为 0.27 kg。

比较实际质量和体积质量，确定计费质量：

由于实际质量（0.45 kg）大于体积质量（0.27 kg），所以计费质量为实际质量，即 0.45 kg。

【步骤 2】计算运费。

首重 0.5 kg 的运费为 230 元。

因此，这件女士衬衫从中国邮寄到西班牙的运费为 230 元。

任务评价

学生完成自我小结并在表 7-4-1 中进行自评打分，教师根据学生表现进行点评并打分。最后按“自我评分 ×40%+ 教师评分 ×60%”的方法计算得分。

表 7-4-1　任务评价表

类别	评价内容	配分	自我评分	教师评分	得分
知识技能	了解 EMS、FedEx、DHL、TNT、UPS 等国际商业快递类型	30			
	掌握国际商业快递运费计价方法	30			
职业素养	工作态度细致、认真、严谨	10			
	具备一定的团队合作和沟通能力	20			
	具备一定的创新能力	10			
合计					

思考与练习

1. 对比分析 EMS、FedEx、DHL、TNT、UPS 这五家国际商业快递公司在运输渠道、服务内容、价格、时效以及附加服务等方面的特点。特别关注它们在处理轻小件物品与高价值商品时的不同策略。
2. 假设一家位于中国的跨境电商公司需要向美国的一位客户寄送一件质量为 5 kg、尺寸为 60 cm×40 cm×30 cm 的商品。卖家拟选用 UPS 商业快递邮寄，请计算运费（假设首重运费为 200 元，续重运费为 50 元 /kg，计费系数为 5 000，且不考虑折扣和其他附加费用）。

任务 5　海外仓物流

任务情境

李华所在的 A 电商公司在中国销售的商品种类繁多，需要从不同国家和地区进行采购，这使得商品的运输时间和成本都相对较高。为了优化这一状况，企业决定在欧

洲建立海外仓，将来自欧洲不同国家和地区的商品统一存放于海外仓，并通过海外仓物流系统发货给中国客户。那么，什么是海外仓物流呢？它又能为企业带来哪些竞争优势呢？

任务分析

据不完全统计，我国有超过 200 家企业在境外设立了海外仓，总数超过 500 个。在地区分布上，这些海外仓主要集中在美国、欧洲等经济发达国家或地区；在形式上，以租用仓库为主，自建仓库的情况较少。广东、福建、江苏、浙江等省份的企业设立海外仓的数量相对较多。不同的海外仓模式适用于不同类型的电商企业，选择适合自身需求的海外仓模式，电商企业可以有效提高运营效率并降低成本。在本任务中，我们将深入学习海外仓物流相关知识。

相关知识

一、海外仓的含义

在跨境电商中，海外仓是指国内企业将商品通过大宗货物运输的方式运往目标市场国家或地区，在当地建立仓库、储存商品，然后再根据当地的销售订单，第一时间作出响应，及时从当地仓库直接进行分拣、包装和配送的一种物流模式。

海外仓给跨境电商企业带来的主要优势包括：改变传统的跨境电商物流方式，实现了海外物流的本地化运输，提高了物流效率；降低了物流成本及清关费用，因为从海外仓直接发货给客户，相当于境内快递，减少了中转环节，从而降低了成本；缩短了配送时间，加快了物流时效，改善了服务，提升了海外客户的购物体验，进而提升了销售额；可以扩大跨境货物的运输品类，降低跨境物流费用，提高企业的竞争力；订单处理更加方便，订单和发货同步，实现自动化批量处理订单，提高了运营效率。

二、海外仓的模式

目前，市场上的海外仓主要分为三种模式：自建海外仓、跨境电商平台海外仓和第三方海外仓。

1. 自建海外仓

自建海外仓是指卖家在境外自行建立仓储设施，仅为自身销售的商品提供仓储、配送等物流服务，并由卖家负责头程运输、通关、报关、海外仓管理、拣货、终端配送等一系列工作。

（1）自建海外仓的优势。自建海外仓的优势主要表现在以下几个方面。

1）操作灵活性强。卖家可以根据自身情况自主确定海外仓的地址、规模、经营模式，无须考虑海外仓对商品种类、体积等方面的限制。此外，卖家可自行管理海外仓，掌握发货速度，区分加急件和慢件，从而提升客户购物体验。对于退回海外仓的商品，卖家也可以自行决定哪些适合销毁，哪些可以再出售，具有更大的自主权。

2）有利于海外仓的本地化运营。由于跨境电商的全球性特点，一些境外买家可能会对跨境电商企业提供的商品存在疑虑。如果卖家在目标市场建立了海外仓，就会给当地买家传递一个信号，即这个卖家经营实力较强，这样有利于提升买家对卖家的信任度。在海外仓的运营管理中，卖家可以雇用当地员工负责海外仓的供应链管理、商品销售、客户服务等工作，因为他们更了解当地的法律、文化和人们的沟通习惯，能够给买家带来更贴心的服务。此外，卖家可以及时、清楚地发现当地市场的需求变化，以开发符合当地市场需求的商品，制定符合当地市场特色的经营策略。

（2）自建海外仓的劣势。自建海外仓的劣势主要表现在以下几个方面。

1）成本较高。卖家自建海外仓需要在境外租赁仓库和雇用员工，还需搭建或租赁境外仓储管理系统。由于境外人力成本普遍较高，仓库租赁费用也相对较高，因此自建海外仓的成本通常较高。

2）经营管理要求较高。自建海外仓涉及当地的清关政策、税收制度、劳工政策以及仓储的国际化运营等多个方面，这就要求卖家不仅要深入了解海外仓所在地的政治环境、经济环境、文化习俗、法律环境以及雇用劳工政策等，还需熟悉当地的基础设施建设水平、信息技术水平和服务水平。在境外建立海外仓，卖家还需面临境外经营的多种风险，例如政治风险、经济风险等。

2. 跨境电商平台海外仓

为了提高自身的竞争力，并为卖家和买家提供更优质的服务，一些跨境电商平台选择建立海外仓，全球速卖通和亚马逊就是其中的代表。

（1）全球速卖通海外仓。全球速卖通海外仓是全球速卖通平台与菜鸟网络共同打造的重点项目，它主要分为官方仓、认证仓和商家仓三种类型。

1）官方仓。这是全球速卖通及菜鸟网络联合境外优质仓储及本地配送资源共同推出的全球速卖通官方配套物流服务。它专为全球速卖通卖家打造，提供一站式物流解决方案，包括境外仓储管理、本地配送、物流纠纷处理、售后赔付等一系列服务。这一服务旨在帮助卖家更好地管理海外仓并解决物流问题。

2）认证仓。认证仓是指经过严格认证的海外仓。这些海外仓由跨境电商平台或

第三方认证机构对其仓储设施、运营能力、服务质量等进行全面审核和认证，以确保海外仓的合法性和信誉度。认证仓通常具有更高的信誉度和可靠性，能够为跨境电商企业提供更加稳定和高质量的海外仓服务。

3）商家仓。商家仓是商家自己合作的仓库，用于存放和管理商品，并向客户提供发货服务。当卖家使用商家仓并订购"承诺达"服务后，通过考核的商品可以打上"× 日达"标志，并享受"× 日达"的所有权益。这些权益包括商品可获得搜索流量扶持，从商品、购物车、订单等多渠道展现"× 日达"标志，从而提升商品对买家的吸引力。此外，商品还可优先获得参加平台活动的资格。

（2）亚马逊 FBA。亚马逊 FBA 是亚马逊为卖家提供的一站式物流服务。它涵盖仓储、拣货打包、派送、收款、客服与退货处理等各项服务。使用 FBA 的卖家可以将其库存中的部分或全部商品运送到亚马逊的仓库，由亚马逊代理销售并负责商品配送和客户服务。同时，FBA 还可以帮助卖家高效处理退货问题。这种服务旨在帮助卖家降低运营成本，提升客户体验并提高销售额。

FBA 的优势主要包括以下几点。

1）提供仓储及物流服务的一站式解决方案，使卖家能够集中精力进行产品销售。

2）利用亚马逊强大的物流网络和仓储设施，提高了物流效率和服务质量。

3）提供退货处理服务，有助于减少卖家的运营成本和负担。

4）使卖家能够享受亚马逊平台的流量和用户群，从而提高知名度和销售额。

5）提供专业的客服服务，有助于提升客户的购物体验。

FBA 也存在以下一些劣势。

1）需要支付一定的仓储和物流费用，增加卖家的成本。

2）仓储和物流服务可能受到亚马逊平台的限制，导致卖家无法自主管理和控制。

3）可能会出现库存不足或货物长时间滞留的问题，从而影响销售效率。

4）退货处理可能会受到亚马逊平台的限制和要求。

5）对于一些特殊类别的商品，可能无法使用 FBA 服务。

3. 第三方海外仓

第三方海外仓是指由第三方企业（通常为专业的物流服务商）建立并运营的境外仓储设施。它能够为卖家提供包括清关、报检、仓储管理、商品分拣以及终端配送等一系列服务。换言之，整个海外仓的运营与管理工作都由第三方企业负责，卖家可以通过租赁的方式获得第三方海外仓所提供的服务。

第三方海外仓的优势主要体现在以下 4 个方面：第一，它能够帮助卖家节省建仓成本；第二，使用第三方海外仓可以降低卖家在海外仓运营方面的风险；第三，卖家在选择第三方海外仓时具有较大的选择范围；第四，第三方海外仓的适用范围也相当广泛。

第三方海外仓也存在一些缺点：第一，它无法为卖家提供商品推广服务，因此卖家需要通过各类推广工具来提高商品和店铺的曝光度；第二，第三方海外仓通常不提供售后与投诉服务；第三，将商品存放在第三方海外仓可能会存在一定的潜在安全风险，卖家需要对此进行充分的考虑和评估。

三、选择海外仓的策略

卖家在选择海外仓模式时，需综合考虑以下关键因素。

1. 商品类别与海外仓运营要求的匹配度

卖家需充分了解自身商品特性，并根据不同海外仓对商品的具体要求进行权衡和选择。同时，也可考虑将具有不同特性的商品分别存放于不同的海外仓，以最大化地利用各种物流服务的优势。

2. 企业海外仓运营服务能力

在商品入库阶段，FBA 不提供商品整理和贴标签服务，这些工作需由卖家在前期自行完成；而第三方海外仓则可为卖家提供这些服务。对于自建海外仓，卖家需全权负责头程运输、清关、商品入库前的整理、贴标签等一系列工作。因此，在选择海外仓模式时，卖家应结合自身需求和实际情况，综合考量各种物流服务的成本效益，以及自身是否需要这些增值服务。

3. 企业的物流运营战略

不同的企业可采取不同的物流运营战略。若卖家选择海外仓主要是为了提升商品在境外市场的销量和经营效益，且不打算将海外仓物流体系纳入自身经营范围，那么使用跨境电商平台海外仓或第三方海外仓是更为合适的选择。若卖家选择海外仓是为了提高品牌知名度和市场渗透率，以更好地实施本土化运营战略，或计划构建属于自己的海外仓物流体系，那么自建海外仓模式将更为合适。

4. 企业规模和实力

无论是自建海外仓、租用第三方海外仓还是使用跨境电商平台海外仓，卖家都需承担一定的风险。因此，在选择海外仓模式时，卖家应充分考量自身的实力和风险承担能力，选择最适合自己的海外仓模式。特别是自建海外仓，其成本较高，对卖家的资金实力和经营管理能力也有较高要求，因此需谨慎考虑。

任务实训

实训目的：

掌握不同平台海外仓物流模式的特点。

实训内容：

请结合所学知识，比较分析全球速卖通平台和亚马逊平台的海外仓物流模式，完成表 7–5–1 的填写。

实训步骤：

【步骤 1】访问全球速卖通和亚马逊官方网站，了解其海外仓物流模式的详细介绍。

【步骤 2】对全球速卖通与亚马逊的海外仓物流模式进行对比分析。

【步骤 3】填写表 7–5–1。

【步骤 4】讨论与交流，就海外仓物流模式的选择与应用进行深入的交流。

表 7–5–1　跨境电商平台海外仓物流模式分析

平台名称	海外仓模式	优点	缺点	适用情况
全球速卖通	官方仓			
	认证仓			
	商家仓			

续表

平台名称	海外仓模式	优点	缺点	适用情况
亚马逊	FBA			

任务评价

学生完成自我小结并在表 7–5–2 中进行自评打分，教师根据学生表现进行点评并打分。最后按“自我评分 ×40%+ 教师评分 ×60%”的方法计算得分。

表 7–5–2　任务评价表

类别	评价内容	配分	自我评分	教师评分	得分
知识技能	了解海外仓的含义	20			
	了解海外仓的模式	20			
	掌握选择海外仓的策略	20			
职业素养	工作态度细致、认真、严谨	10			
	具备一定的团队合作和沟通能力	20			
	具备一定的创新能力	10			
合计					

思考与练习

1. 假设你是一家中小型跨境电商企业的物流经理，请选择一种适合自身的海外仓模式，并阐述选择理由。
2. 在选择海外仓模式时，卖家需要考虑哪些关键因素?

项目八
跨境电商客户服务

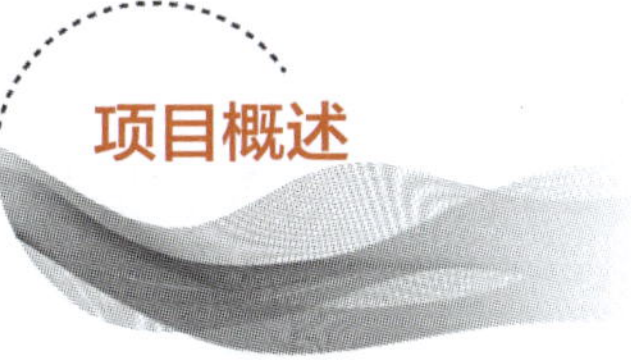

项目概述

跨境电商客服在提高销售额、降低不良交易率、创造产品或服务的差异化、解决争议以及提升客户忠诚度等方面均发挥着重要作用。优质的客户服务能帮助企业赢得更多的客户和良好的口碑，进而提升企业的品牌形象和市场竞争力。因此，跨境电商企业应高度重视客户服务，投入充足的资源和精力，以提升客服团队的专业水平和服务质量。

学习目标

知识目标

1. 了解跨境电商售前客服的工作职责。
2. 掌握回复客户咨询的方法和技巧。
3. 了解网店 FAQ 的设置原则。
4. 掌握客户评价的类型。
5. 了解售后纠纷的类型和处理流程。

技能目标

1. 能设计关于商品、物流问题的沟通模板。
2. 能及时回复客户好评、有效处理客户中差评。
3. 能有效处理售后纠纷。

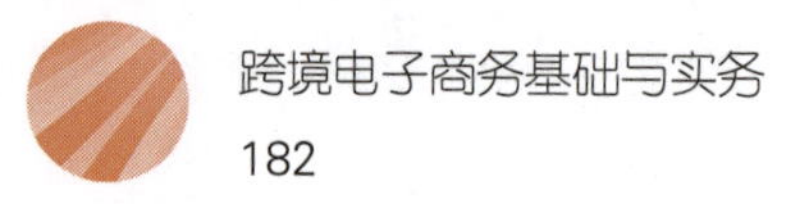

素养目标

1. 培养诚实守信、遵纪守法的职业道德。
2. 培养客户至上的服务意识和精益求精的工匠精神。

任务1　售前咨询交流

任务情境

随着年中销售旺季来临，李华所在的A电商公司的店铺上架了多款促销商品，公司也积极参与了平台的促销活动，因此每日都有大量客户进店咨询。李华被指派为客服专员，需要及时回应客户的咨询，有效解答客户关于商品和物流等方面的疑问，以促进客户下单成交。

任务分析

跨境电商客服通过各种沟通工具与不同国家和地区的客户直接进行联系，是连接企业和客户的桥梁。沟通贯穿于跨境电商业务的售前信息咨询、售中业务洽谈和售后服务全流程。在本任务中，我们将学习如何回复客户咨询，解答客户疑问，以促成客户下单，并制作回复模板。

相关知识

一、跨境电商售前客服的工作职责

在售前阶段，客服主要为客户购物提供相关指导，包括产品介绍、购物流程、物流方式及支付方式等。从客户进店咨询到拍下订单付款，都属于售前客服负责的环节。专业的售前客户服务，不仅可以帮助客户减少疑虑，还可以进行同类或者关联产品的推荐销售，助力客户下单，帮助店铺树立良好的形象。售前客服的工作直接关系到客户的购物体验和店铺的转化率。

二、跨境电商售前客服的沟通技巧

有效的沟通能够提高转化率和客单价。跨境电商售前客服应从专业的角度为客户提供商品信息，并针对客户的需求推荐合适的商品，化解客户疑虑，促使客户及时

下单。

1. 礼貌及时

当客户提出问题或寻求帮助时，客服应迅速作出回应，以建立良好的第一印象。由于时差原因，一般回复客户邮件不应超过24小时。客服应始终保持真诚、热情和礼貌的态度，对客户的称呼要得体，落款信息应准确。多使用简单明了的词句，并使用第一人称，以建立良好的沟通氛围。

2. 积极主动

客服不能机械地应对客户提问。当客户提出一个问题时，客服应尝试理解客户隐含在问题背后的动机或疑虑，主动推荐可以满足其需求的商品，或者化解其疑虑。客服应具备解决问题的思维，主动提供两个以上的解决方案让客户选择。

3. 实事求是

客户会对客服作出的承诺产生不同程度的期望值。客服不能为了达到销售目的而做过度宣传，也不能因为暂时敷衍客户提问而作出过度承诺。客服的答复应实事求是，将客户的期望值控制在可兑现的范围内，避免因过度承诺无法兑现而产生后续纠纷。

三、回复客户商品问题的方法

售前客服与客户的对话大多围绕商品本身展开，买家咨询的问题主要涵盖商品的功能、兼容性、相关细节以及包装等方面。因此，客服需要对店铺的商品有深入的了解，能够清晰明了地解答客户的问题，使客户能够快速获取所需信息，并对店铺和客服建立起信任感。

1. 尺码问题

虽然平台的商品详情页中通常都包含详细的商品信息介绍，但在买家无法准确把握图片和文字描述的情况下，他们仍可能会向卖家进行咨询。例如，由于国内外对服装、鞋子的尺码描述存在差异，客户可能会就尺码问题向客服进行咨询。

示例

Q: Hello, I wear US size 9. Could you tell me which size I should buy from you?

A: Hello friend,

size M of this shirt will fit you well. Please refer to the attached size table below. We have this size in stock, and we will ship it within 24 hours once you place the order.

Please feel free to contact us if you have any other questions.

Thanks!

Andy

2. 商品价格

在跨境电商中，客户很少与卖家讨价还价，大部分客户会根据平台的定价直接决定是否下单，这种行为也被称为“静默式下单”。然而，在某些情况下，客户仍会与卖家进行价格协商。例如，当客户进行批发采购时，他们可能会向卖家询价以商讨价格。

示例

Q: Hello, I want to order 30 pieces for this item, how about the price?

A: Dear friend,

Thanks for your inquiry. We cherish this chance to do business with you. We'd like to offer you some discount on bulk purchase. If your order is more than 50 pieces, we will give you a discount of 5% off.

Please feel free to contact us if you have any further questions.

Best regards,

Andy

3. 商品缺货

当客户咨询的商品缺货时，客服应及时告知客户，并表示会尽快补货，并在补货后发送到货提醒。同时，为了满足客户的需求，客服还可以向客户推荐符合其需求的关联或类似商品。

示例

Q: Hello, I'd like to know if this product is available and I would like to order more.

A: Dear friend,

We are sorry to inform you that this product is out of stock at the moment. We will contact the factory to confirm when it will be available. We will let you know once we fill up our inventory.

Meanwhile, we'd like to recommend other similar products to you. Hope you will like them. You can click on the following link:

http://www.XXX.com

Looking forward to your early reply.

Best regards,

Andy

四、回复客户物流问题的方法

跨境物流是跨境电商必须面对的挑战，配送时间长可能会影响消费者的购买体验，甚至导致售后纠纷。因此，客服需要充分了解各种运输方式、海关申报流程、扣关情况、费用等相关情况，并与客户做好沟通，提前说明可能会出现的问题，以避免产生不必要的纠纷。

1. 合并物流运费

跨境电商物流环节多，物流费用较高，而物流费用是产品成本的重要组成部分，有时跨境物流费用甚至超过商品本身的价值。因此，客户在下单前，经常会就物流费用进行咨询。准确计算物流费用，是跨境电商客服的重要工作之一。例如，当客户同时下了多个订单并要求合并发货时，客服应能够准确计算出合并后的物流费用，并及时告知客户。

示例

Q: Hello, can the shipping fee be paid together as I've bought several items from you? Please send me in one package, thanks.

A: Dear customer,

We have combined the shipping already and only charge the shipping fee once. Usually it takes about 8～12 days for the item to reach you.

Welcome to visit us again!

Best regards,

Andy

2. 选择物流方式

跨境电商客服在保证时效性的前提下，应尽量选择费用更低的物流方式，以降低运营成本。同时，客服还需积极与物流公司合作，争取更多的优惠和折扣，为客户提供更具竞争力的物流服务。

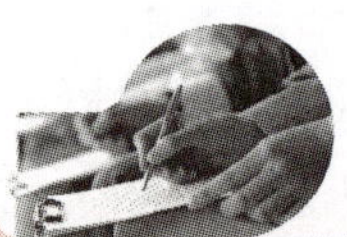

示例

Q: Hello, I'd like to get the order within 10 days, would you recommend the best method of shipping, and if it is free shipping?

A: Dear customer,

Thanks for your inquiry. According to your requirement, we suggest one of the following express shipping: UPS, FedEx, DHL, EMS. But you need to pay the extra freight according to the real cost.

Looking forward to hearing from you soon.

Best regards,

Andy

五、网店 FAQ 设置的方法

FAQ（Frequently Asked Questions），即常见问题解答，是卖家店铺的重要组成部分。为了让初次访问店铺的客户快速了解店铺所售商品、购买方式等信息，卖家需要围绕商品、服务、功能和购买程序等提供详细的讲解。因此，FAQ 的设置显得尤为必要。通过事先组织并回答一些常见问题，FAQ 能够为客户提供自助咨询服务。一个良好的 FAQ 系统至少能够解答客户 80% 的问题，这不仅方便了客户，也大大减轻了客服的工作量，节省了客户服务成本，并有助于树立品牌的专业形象。有效的 FAQ 还能帮助卖家吸引更多客户，提升转化率。

1. 设置 FAQ 的基本原则

设置 FAQ 的目的是解答客户的问题，让客户在最短的时间内找到自己需要的信息。因此，在设计 FAQ 时需要注意以下几点。

（1）保证有效性。FAQ 是跨境电商客服的重要工具，它能帮助客户快速解决问题，同时也能节省客服的时间。因此，FAQ 中的问题应具有针对性和实际性，涵盖客户经常遇到的问题，并根据不同的使用场景和受众进行分类。这样能更有效地解决客户的问题，提升客户满意度。

（2）准确简洁。对于每一个问题的解答都应准确明了、简洁易懂，避免使用过于复杂的术语和行话。同时，为给客户留下良好的印象，语气也应友好礼貌。

（3）简单易寻。FAQ 的设置是为了方便客户寻找问题的答案，因此分类和排序都应合理，以便于导航和检索。同时，FAQ 还应提供搜索功能，让客户能够通过输入关键字快速找到问题的解答。另外，分层目录式的结构也是一种常见的设计方式，但目录层次不宜过多，以免给客户造成困扰。

2. 查看 FAQ 路径

在不同的跨境电商平台，店铺的 FAQ 模块通常都会在醒目的位置显示。下面以全球速卖通为例，演示查找店铺 FAQ 的路径。

卖家设置完成 FAQ 后，当买家通过消息中心进行咨询时，页面右上角会以“FAQ”按钮的形式展示对应的常见问题（见图 8-1-1）。

买家点击 FAQ 按钮后，会出现一系列的常见问题。如图 8-1-2 所示，截图中的“Welcome to our store”是卖家设置的问候语，下方则列出了卖家预先设置的常见问题。买家只需点击其中一个问题，系统便会默认买家发送了该问题，同时默认卖家即时回复了已设置的答案。

图 8-1-1　查看 FAQ 路径（1）

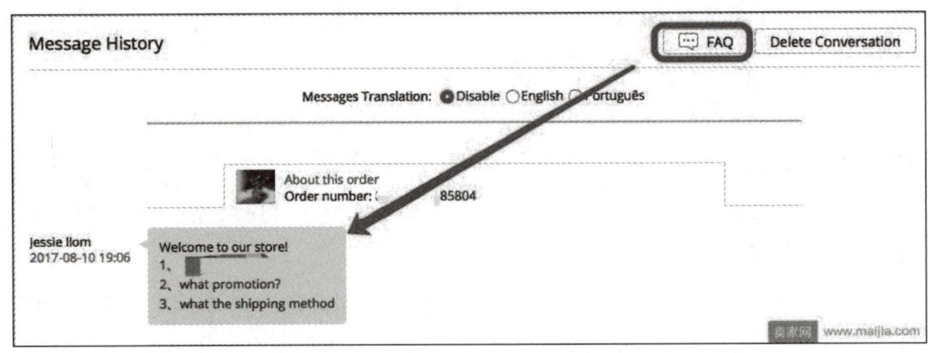

图 8-1-2　查看 FAQ 路径（2）

3. 设置 FAQ 模板

在跨境电商中，设置 FAQ 时需要考虑客户在购物过程中的常见问题。这些问题通常涵盖商品详情、支付方式、订单状态、物流信息、运费计算以及退换货政策等方面。

知识链接

FAQ 常见问题

“What are the shipping options?”——“有哪些配送方式？”

“When will I receive my order?”——“我何时能收到订单？”

“How do I make sure the right size?”——“如何确保选择到正确的尺码？”

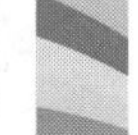

“What are the payment methods available?” ——“有哪些可用的支付方式？”

“What are the international taxes, duties, etc. that I have to pay?” ——“我需要支付哪些国际税费、关税等？”

“What is the return policy?” ——“退货政策是怎样的？”

“What should I do if I never received my order?” ——“如果我从未收到订单，应该怎么办？”

“What do I do if I received a defective product?” ——“如果我收到的产品有缺陷，应该怎么办？”

“How do I make changes to an order I've already placed?” ——“如何更改我已经下单的订单？”

“How do I contact your company if my question isn't answered here?” ——“如果我的问题在这里没有得到解答，我应该如何联系贵公司？”

下面以常见的物流查询、支付方式和退换货政策为例，设置 FAQ 模板。

（1）物流查询。

示例

Q: I haven't received my order, what can I do?

A: If you haven't received your order, please try the following methods to solve the problem:

You can track your order with the tracking number.

Go to “My Orders” → Locate the Order → Click Track Order.

If you find the tracking number is invalid, it may be because the shipping company needs 3～7days to update the shipping status. You can also contact us for more shipping information. You may leave a message on the order details page.

（2）支付方式。

示例

Q: How can I pay with my credit card or debit card?

A: The website offers these payment options: VISA(credit and debit cards), MasterCard and American Express.

Please follow the steps below:

1. If you linked your card to your account,

(1) choose the payment method.

(2) click "Confirm and Pay".

2. If you haven't linked your card to your account,

(1) enter your card details on the checkout page and type of card will automatically be recognized.

(2) click "Pay Now" and your order will be verified within 24 hours.

（3）退换货政策。

示例

Q: As long as I return the goods, I can get a full refund. Am I correct?

A: If you initiated your dispute with the reason "I no longer need the item", you will have to make sure the item is in perfect condition with original packaging. If the product you return cannot be resold, we will issue a partial or 0 refund according to the actual situation.

FAQ 是一个动态的页面，其内容需随着时间和实际情况的变化而不断更新和调整。客服应当积极关注客户的反馈和提问，并根据实际情况及时更新 FAQ 页面，以确保其中的问题和解答都是最新且准确的。这样做不仅能让客户感受到卖家的专业性和贴心关怀，还能有效提升客户的信任度和满意度。

任务实训

实训目的：

掌握客户咨询问题的回复技巧，学会撰写专业的回复邮件，并生成可复用的客服话术模板，以提升客户满意度和服务效率。

实训内容：

在 7 月年中促销季，跨境电商客服小张接到了来自不同国家和地区的客户的咨询。小张在公司的全球速卖通店铺后台查到一封美国客户在 7 月 15 日发来的邮件，内容如下："Hello，seller，I have completed the payment. When can I receive the goods? " 相关信息如图 8-1-3 和图 8-1-4 所示，请根据所学知识撰写回复邮件，告知客户已经发货，并生成客服话术模板。

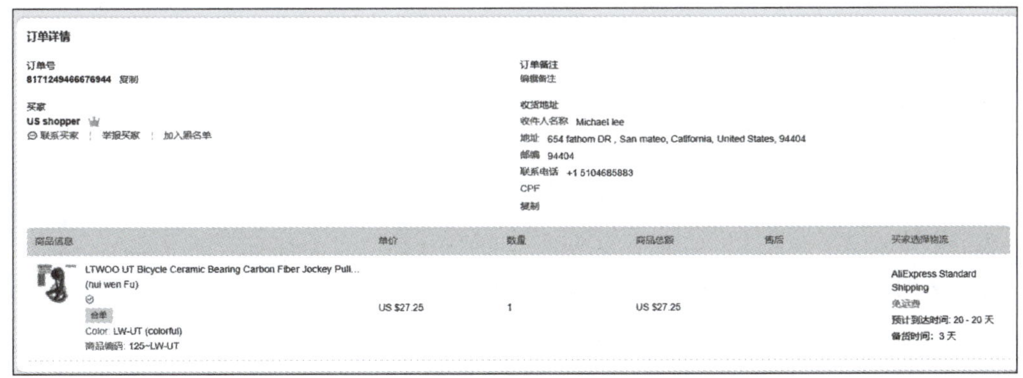

订单详情

订单号
8171249466676944 复制

买家
US shopper
联系买家 ｜ 举报买家 ｜ 加入黑名单

订单备注
编辑备注

收货地址
收件人名称 Michael lee
地址 654 fathom DR , San mateo, California, United States, 94404
邮编 94404
联系电话 +1 5104685883
CPF
复制

商品信息	单价	数量	商品总额	售后	买家选择物流
LTWOO UT Bicycle Ceramic Bearing Carbon Fiber Jockey Pull... (nui wen Fu) 合单 Color: LW-UT (colorful) 商品编码: 125~LW-UT	US $27.25	1	US $27.25		AliExpress Standard Shipping 免运费 预计到达时间: 20 - 20 天 备货时间: 3 天

图 8-1-3　订单信息

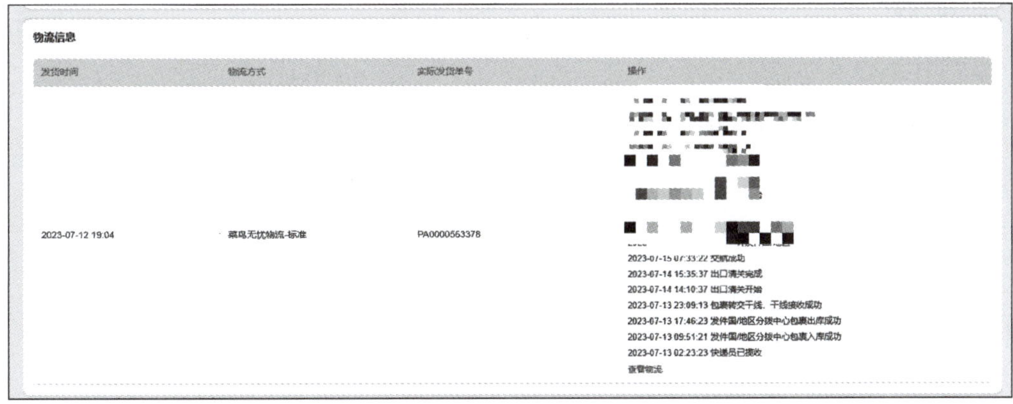

物流信息

发货时间	物流方式	实际发货单号	操作
2023-07-12 19:04	菜鸟无忧物流-标准	PA0000563378	2023-07-15 07:33:22 交航成功 2023-07-14 15:35:37 出口清关完成 2023-07-14 14:10:37 出口清关开始 2023-07-13 23:09:13 包裹转交干线、干线接收成功 2023-07-13 17:46:23 发件国/地区分拨中心包裹出库成功 2023-07-13 09:51:21 发件国/地区分拨中心包裹入库成功 2023-07-13 02:23:23 快递员已揽收 查看物流

图 8-1-4　物流信息

实训步骤：

【步骤 1】借助翻译工具，翻译客户邮件内容，填写在表 8-1-1 中。

表 8-1-1　客户邮件内容翻译

翻译前	翻译后
"Hello, seller, I have completed the payment. When can I receive the goods?"	

【步骤 2】借助翻译工具，了解物流信息，填写在表 8-1-2 中。

表 8-1-2　物流信息

发货时间	
物流方式及时效	
物流信息查询网址	

【步骤 3】撰写客户回复邮件，告知客户发货单号、发货时间、发货方式、物流时效和物流信息查询网址，完成以下客户回复邮件模板。

Dear friend,

Thanks for your shopping.

X X X（告知客户发货单号、发货时间、发货方式、物流时效和物流信息查询网址）Please feel free to tell us if you have any further questions.

Best regards,

Andy

任务评价

学生完成自我小结并在表 8–1–3 中进行自评打分，教师根据学生表现进行点评并打分。最后按“自我评分 ×40%+ 教师评分 ×60%”的方法计算得分。

表 8–1–3　任务评价表

类别	评价内容	配分	自我评分	教师评分	得分
知识技能	了解跨境电商售前客服的工作职责	5			
	了解跨境电商售前客服的沟通技巧	10			
	掌握回复客户商品问题的方法	15			
	掌握回复客户物流问题的方法	15			
	掌握网店 FAQ 设置的方法	15			
职业素养	工作态度细致、认真、严谨	10			
	具备一定的团队合作和沟通能力	20			
	具备一定的创新能力	10			
合计					

思考与练习

1. 简述售前客服在跨境电商中的主要职责。
2. 针对以下客户咨询情况，撰写专业的客服回复。

（1）尺码问题：客户询问某款鞋子的尺码是否对应国内的尺码标准，担心购买后尺码不合适。

（2）商品价格：客户表示对某款商品的批量购买感兴趣，希望了解是否能获得折扣价格。

（3）产品缺货：客户询问的某款热销商品暂时缺货，希望了解补货时间和是否有替代商品推荐。

3. 设置 FAQ 模板：针对“物流查询”“支付方式”和“退换货政策”，分别创建一个 FAQ 问题及其详细解答。要确保解答准确简洁，以便于客户理解。

任务 2　店铺交易管理

任务情境

随着销售旺季到来，李华所在的 A 电商公司店铺订单量暴增，这一增长也伴随而来一些其他问题。部分客户下单后未及时付款，而早先下单的客户在收货后，有的对商品和服务表示满意，有的却给出了差评，还有的则未留下任何评价。作为客服，李华要怎样处理这些问题呢?

任务分析

作为客服，不仅要催促已下单客户尽快完成付款，还需妥善处理客户评价，以期提升客户体验，维护店铺形象及转化率。在本任务中，我们将学习订单确认、催促付款等相关操作。同时，学习店铺的评价规则，对于客户的好评能够及时给予回复；对于客户的中差评，能够进行有效处理。

相关知识

一、订单跟踪与催付

卖家在收到订单时，通常会遇到两种情况：一是客户已经下单并完成付款，二是客户已经下单但尚未付款。

针对客户下单后未付款的情况，原因有多种：客户可能还在对比和犹豫，也有可能不熟悉平台的支付流程，还有可能是客户忘记了。此时，客服应及时跟进，准确判断客户未付款的具体原因，以便采取相应的策略协助客户完成付款。对于已经付款的客户，客服也应及时与客户进行确认。

1. 订单确认与跟踪

当客户下单并支付成功后，客服应在第一时间向客户发送感谢信，感谢客户购买，并告知客户将会及时发货，同时承诺会更新物流信息。若发生买家付款后未通过平台的资金风控审核，或者卖家库存无货导致不能及时发货的情况，客服应及时与客户进行沟通，帮助客户解决问题。

（1）确认收到订单。确保在收到客户的订单后，第一时间进行确认，并向客户发送订单确认通知。

示例

Dear customer,

Thank you for shopping with us.

We will prepare the items and send them to you within 3 days by EMS. We will keep you informed with the latest shipping information.

Please feel free to contact us if you have any other questions.

Sincerely,

Andy

（2）通知客户发货。在订单处理完毕且商品准备发出时，应立即向客户发送发货通知，告知其物流信息及预计到货时间。

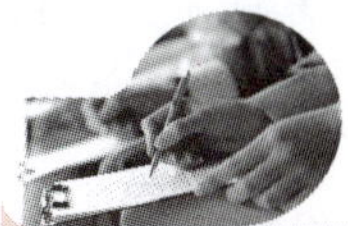

示例

Dear customer,

Thanks for your order.

We have shipped out your order (order ID: XXXX) on Nov. 26 by ePacket. The tracking number is XXX. It will take 15～25 working days to reach your destination.

You may track it on the following website after 3 days:

http://www. XXX.com

If you have any other questions, don't hesitate to contact us.

Best regards,

Andy

（3）回复客户资金未通过风控审核。若客户的资金未能通过平台的风控审核，客服需及时与客户沟通，解释审核未通过的原因，并指导客户按照平台要求进行操作，以便顺利完成支付。

示例

Dear customer,

I'm sorry to tell you that your order has been cancelled because your credit card hasn't been approved by AliExpress. You can make a new order and pay through T/T payment, Western Union or other ways.

Meanwhile, please contact AliExpress as soon as possible.

Best regards,

Andy

2. 订单催付

当客户下单后未付款时，卖家应及时跟进，以促进订单的转化。这一做法有助于避免订单因过期或取消而流失，从而确保订单的顺利完成。

对于未付款的订单，客服应首先了解客户未付款的具体原因。一般情况下，可以委婉地提醒客户检查是否有商品价格、尺寸或其他方面的疑问，并适时提醒客户付款。如果客户因价格偏高而产生犹豫，客服可以考虑为客户提供折扣或赠送小礼物等，以促成客户及时付款。

（1）委婉提醒买家付款。卖家可以采用委婉的方式，如通过站内信或邮件等，提醒买家及时付款。这种提醒方式不仅能有效促进订单的转化，还能为买家提供更好的购物体验。

示例

Dear customer,

We've got your order of XXXX, but we notice that you haven't made the payment yet. If you have any questions about price, size, etc., please don't hesitate to contact us.

This is a detailed payment process link: http://www.XXX.com

We will process the order and ship it out ASAP once the payment is confirmed.

Best regards,

Andy

（2）提供折扣以促成付款。提供折扣是一种有效的促成付款的方式。卖家可以通过给客户提供折扣优惠来吸引客户及时付款，促进订单的转化。

示例

Dear customer,

We found that you haven't paid for the order you placed yesterday. If you think the price is too high, we can offer a discount of 3%, or we can send you a free gift for your support.

Please let me know if you have any other questions.

Best regards,

Andy

二、店铺评价规则

客服应深入掌握店铺的评价规则，合理利用评价功能，及时、有效地处理客户的评价。同时，务必避免违反平台的评价规则，以维护店铺的形象和信誉。

1. 评价类别

以全球速卖通平台为例，其评价系统主要分为两大类：信用评价（Seller Summary）和卖家分项评分（Detailed Seller Ratings），具体如图 8-2-1 所示。

信用评价，是指在订单交易结束后，交易双方对对方信用状况进行的评价。该评价系统包括五星制评分和评论两部分，为交易双方提供了一个相互了解信用状况的平台。

卖家分项评分，则是指买家在订单交易结束后，以匿名的方式对卖家在交易中提供的三项服务：商品描述的准确性（Item as Described）、沟通质量及回应速度（Communication）、物品运送时间合理性（Shipping Speed）作出的评价。这是买家

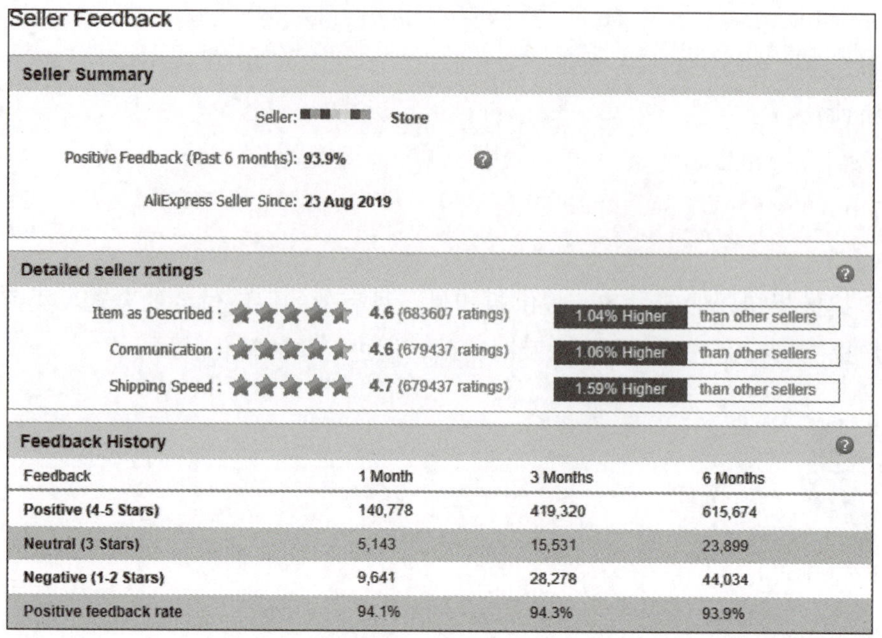
Seller Feedback

Seller Summary

Seller: ■■■ Store

Positive Feedback (Past 6 months): 93.9%

AliExpress Seller Since: 23 Aug 2019

Detailed seller ratings

Item as Described :	4.6 (683607 ratings)	1.04% Higher	than other sellers
Communication :	4.6 (679437 ratings)	1.06% Higher	than other sellers
Shipping Speed :	4.7 (679437 ratings)	1.59% Higher	than other sellers

Feedback History

Feedback	1 Month	3 Months	6 Months
Positive (4-5 Stars)	140,778	419,320	615,674
Neutral (3 Stars)	5,143	15,531	23,899
Negative (1-2 Stars)	9,641	28,278	44,034
Positive feedback rate	94.1%	94.3%	93.9%

图 8-2-1　信用评价和卖家分项评分

对卖家的单向评分，有助于卖家了解自己在交易中的表现，并据此进行改进。

需要注意的是，信用评价允许买卖双方进行互评，但卖家分项评分仅由买家对卖家作出，体现了买家对卖家服务的单向反馈。

2. 店铺评价修改、删除规则

对于收到的差评，买家和卖家均有权作出回复解释，以表明自己的观点和立场。同时，全球速卖通平台保留删除包含人身攻击或其他不适当言论的评价内容的权利，以维护评价系统的公正性和健康性。

若买家的信用评价被删除，则与之对应的卖家分项评分也将随之被删除，以确保评价系统的一致性。此外，全球速卖通平台还有权对异常订单的评价和销量进行不计分、屏蔽、删除等处理。

三、处理客户评价

客户评价是对商品和卖家服务的重要反馈。在选择商品时，客户往往会参考以往买家的评价，以了解店铺和商品的详细信息，并作为决定是否下单的重要依据。对于跨境电商卖家而言，良好的客户评价能够增加店铺的曝光量、转化率和二次转化率，同时也会影响卖家在平台业务中的资源获取；相反，差评则可能给店铺带来不良影响。

因此，客服应努力争取客户的好评。当客户收到货物但未留下评价时，客服应主动邀请其给予好评。当客户给出好评时，客服应及时表达感谢。若客户给出中差评，

客服则需及时主动与客户沟通，共同协商解决问题。

1. 邀请客户留评

客户收货后给予好评，说明店铺的信用和商品得到了客户的认可。然而，有些买家在收到货物后，可能没有留下评价的习惯，甚至不知道如何进行评价。此时，客服可以主动联系客户，委婉地提醒他们给予评价，并提供评价指导。

例如，当买家收货后，客服可以主动通过留言或邮件询问客户对商品的满意度。如果客户表示满意，则可以请求他们给予好评；如果客户表示不满意，客服则应给予解释和引导，以尽量化解客户不满情绪并争取其理解和支持。

示例

Dear customer,

The tracking information shows that you have received the goods (Order No: XXX). If you are satisfied with your purchase and our service, would you please give us positive feedback and it will be a great encouragement for us.

If there is anything we can do for you, please feel free to tell us.

Yours sincerely,

Andy

2. 回复客户好评

当客户给予好评时，客服应及时回复一封感谢信，以表达对客户认可的诚挚谢意。在回复中，可以再次向客户推荐店铺或关联商品，这有助于提高复购率。

示例

Dear customer,

Thank you for your recent positive feedback! Your satisfaction is hugely important to us, and we hope to have the opportunity to provide more high-quality goods and services for you.

Please check out more great products from our store: http://www.XXX.com

Hope to see you again soon.

Yours sincerely,

Andy

3. 回复客户中评

客户给予中评，通常意味着客户对店铺或商品的感受“一般”，这可能表明客户在某些方面存在不满意之处。如果卖家忽视对中评的回复，那么客户再次光临的可能性会降低。因此，卖家应采取逆向思维，将客户的反馈视为产品优化和服务提升的重要契机。中评的回复非常重要，它能够让客户感受到卖家的认真态度和对客户反馈的重视，从而有可能挽回客户的好感，为未来的交易打下良好的基础。

示例

Dear customer,

We are so glad to get your feedback. However, it seems that you're not satisfied with the item completely.

To express our sincere apologies, we can offer you a discount or send you a gift when you order next time. We appreciate your suggestion and will make improvements to our products and services.

Looking forward to establishing a long business relationship with you.

Best regards,

Andy

4. 处理客户差评

卖家收到客户差评是常见现象。无论出于何种原因，差评都会对卖家的排名和转化率产生负面影响。因此，客服应主动了解客户给予差评的具体原因，并在第一时间作出真诚的回应。应积极与客户沟通，寻求切实可行的解决办法，以防止客户的不满转化为更为严重的纠纷。

一般来说，大多数买家给予差评的原因主要集中在两个方面：商品质量问题和物

流问题。如果是因为商品质量差而收到差评，卖家应在保证利润的前提下，考虑增加供应商的选择，以提高商品质量。对于无法完全控制的问题，如正常的次品率，卖家除加强对供应商所提供商品的检查和控制外，还应及时与买家真诚沟通，通过补发、退换或赔偿等方式来解决问题。

如果差评是因为发错货或者客户长时间未收到货等问题所致，卖家可以与客户协商退货或退款。卖家在商品发货后，最好主动通知买家发货信息，这样可以大大提升买家的购物体验，并有可能减少差评的发生。

针对客户的差评，客服需要保持耐心，并在平台规则允许的情况下，尽力引导客户修改评价为好评。例如，亚马逊平台支持卖家和客户达成一致后进行中差评的修改。然而，需要注意的是，全球速卖通平台并不支持修改客户评价。在这种情况下，全球速卖通的客服可以在客户评价的基础上进行回复，对差评予以解释说明，以便其他消费者了解原因，并打消他们的购买顾虑。

示例

Dear customer,

We notice that you gave us a negative feedback related to your recent purchase, and we feel so sorry that you're not satisfied with the item.

From your comment, we learn that the trousers are too long for you, we can offer a 5% discount so that you can use it to cut the trousers short.

We sincerely hope that you can change your feedback to positive, which is very important for us.

Best wishes,

Andy

任务实训

实训目的：

掌握未付款订单的处理流程。

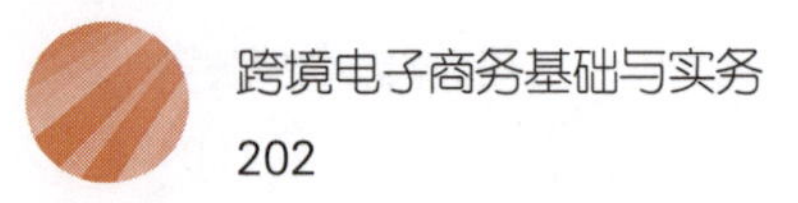

实训内容：

小张查看全球速卖通店铺后台订单情况时，发现有一个英国客户于 11 月 23 日下单购买了 5 个山地自行车头盔后仍未付款，商品详情如图 8-2-2 所示。请了解客户未付款的原因并给出针对性的解决方案，催促客户尽快付款。

图 8-2-2　山地自行车头盔商品详情

实训步骤：

【步骤 1】撰写站内信，询问客户未付款的原因。

Dear customer,

We've got your order of XXXX, but we notice that you haven't made the payment yet.

XXXX（询问客户未付款原因）

Best regards,

Andy

【步骤 2】分析客户未付款的原因，填写在表 8-2-1 中。

表 8-2-1　分析客户未付款的原因

原因 1	
原因 2	
原因 3	

【步骤 3】假设客户回复未付款的原因是商品价格过高，请撰写回复邮件告知客户：3 天之内付款将可以享受 3% 的价格折扣。

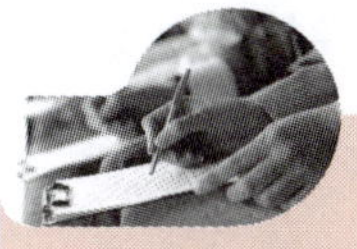

Dear friend,

Thanks for your reply.

XXX（说明商品优势、促销活动和付款提醒）

Please feel free to tell us if you have any further questions.

Best regards,

Andy

任务评价

学生完成自我小结并在表 8-2-2 中进行自评打分，教师根据学生表现进行点评并打分。最后按“自我评分 ×40%+ 教师评分 ×60%”的方法计算得分。

表 8-2-2　任务评价表

类别	评价内容	配分	自我评分	教师评分	得分
知识技能	掌握订单跟踪与催付的方法	20			
	了解店铺评价规则	20			
	掌握处理客户评价的方法	20			
职业素养	工作态度细致、认真、严谨	10			
	具备一定的团队合作和沟通能力	20			
	具备一定的创新能力	10			
合计					

思考与练习

1. 假设你是一名跨境电商客服，收到了一位客户的订单，但发现其资金未通过平台的风控审核。请撰写一封邮件，告知客户这一情况，并解释审核未通过的可能原因，同时指导客户按照平台要求进行操作以顺利完成支付。
2. 假设你是一名跨境电商客服，收到了一条包含人身攻击言论的差评。请阐述你会如何处理这条评价，并解释全球速卖通平台在评价修改和删除方面的具体规则。
3. 假设你是一名跨境电商客服，收到了一条差评。请阐述你会如何主动了解客户给予差评的具体原因，并描述你将采取哪些具体步骤来与客户沟通并寻求切实可行的解决办法。同时，请考虑在平台规则允许的情况下，如何尽力引导客户修改评价为好评或在其评价基础上进行回复解释。

任务3　售后纠纷处理

任务情境

在节日销售旺季，李华所在的A电商公司店铺积极参与了平台的大型促销活动，并取得了令人欣喜的销售业绩。然而，随着客户陆续收到订单商品，售后问题和纠纷也随之增多。作为客服，李华深知这些纠纷若处理不当，不仅会损害店铺的排名、评分和形象，还可能对公司的持续运营造成不利影响。因此，大促结束后，李华的工作重心转移到了售后纠纷的处理上。

任务分析

客户纠纷的产生原因多种多样，若纠纷数量过多，将直接影响店铺的服务指标，导致店铺排名下降。客服需要结合平台规则及店铺订单实际情况，有效处理各类售后纠纷。在本任务中，我们将学习售后纠纷的处理方法。

相关知识

一、纠纷的类型

纠纷，指的是在某种事务中双方或多方之间存在争执或不易解决的问题。在跨境电商交易过程中，由于一方刻意隐瞒信息或双方产生误会，导致交易无法顺利完成的情况，被称为交易纠纷。

跨境电商交易中常见的售后纠纷主要包括两种：客户未收到货和货不对版。客服需要根据具体原因采取不同的解决方案，以尽力解决客户的问题，确保客户的满意度和忠诚度。

1. 未收到货

未收到货的原因主要涵盖以下几种情况：发错地址、运单号无效、货物在运输途中、海关扣关、货物原件退回、物流显示妥投但客户未实际收到货。

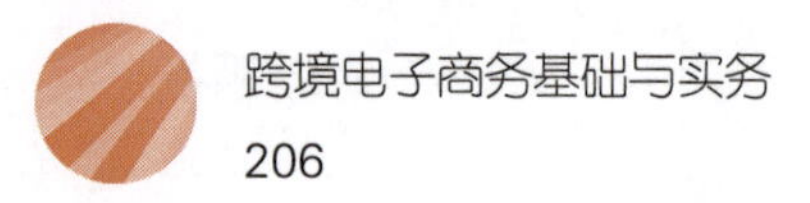

2. 货不对版

货不对版的原因主要涉及以下几种情况：货物与描述不符（包括颜色、尺寸、包装、品牌、型号、款式等）、质量问题、货物短装、货物破损以及销售假货。

二、处理纠纷的流程

在交易过程中，如果买家未收到货或者对收到的货物不满意，可以向卖家提出退款或退货退款申请。卖家在收到买家的申请后，应积极与买家进行沟通协商。若买卖双方无法达成一致意见，则可向平台提交纠纷裁决，此时平台会介入处理。以全球速卖通平台为例，其处理纠纷的基本流程如图 8-3-1 所示。

提交至全球速卖通平台进行纠纷裁决的情况主要有以下三种。

1. 买家提交纠纷裁决

自买家第一次提起退款申请开始后的第 4 天至第 15 天内，若买卖双方无法协商一致，买家可以选择提交至平台进行纠纷裁决。

2. 系统提交纠纷裁决

自买家第一次提起退款申请开始，截至第 16 天，如果卖家未能与买家达成退款协议，且买家既未取消退款申请也未提交至平台进行裁决，系统将自动将此纠纷提交至平台进行处理。

3. 卖家提交纠纷裁决

若卖家在买家填写退货信息后的 30 天内没有收到退货，或收到的退货存在问题，卖家可以选择提交至平台进行纠纷裁决。

纠纷裁决提交后的 2 个工作日内，全球速卖通平台会介入处理。平台会参照买卖双方在纠纷协商阶段以及提交纠纷裁决阶段所提供的证明材料进行裁决。

三、处理纠纷的技巧

当纠纷发生时，跨境电商客服应积极主动、真诚地与客户进行沟通协商，坚持客户至上的原则，深入了解客户对纠纷处理的具体需求，并站在客户的角度，为其提供多种可行的解决方案。

1. 处理物流问题纠纷

由于国际航运、海关清关等环节的复杂性，跨境电商物流往往面临较长的交付周期和不确定的送达时间。大部分消费者都非常关心物流信息，如果买家长时间未收到货或长时间无法查询物流更新信息，可能会造成心理焦虑，甚至直接提起退款。物流问题纠纷的主要原因包括物流时效慢、物流信息无法查询、买家未在规定时间内收到

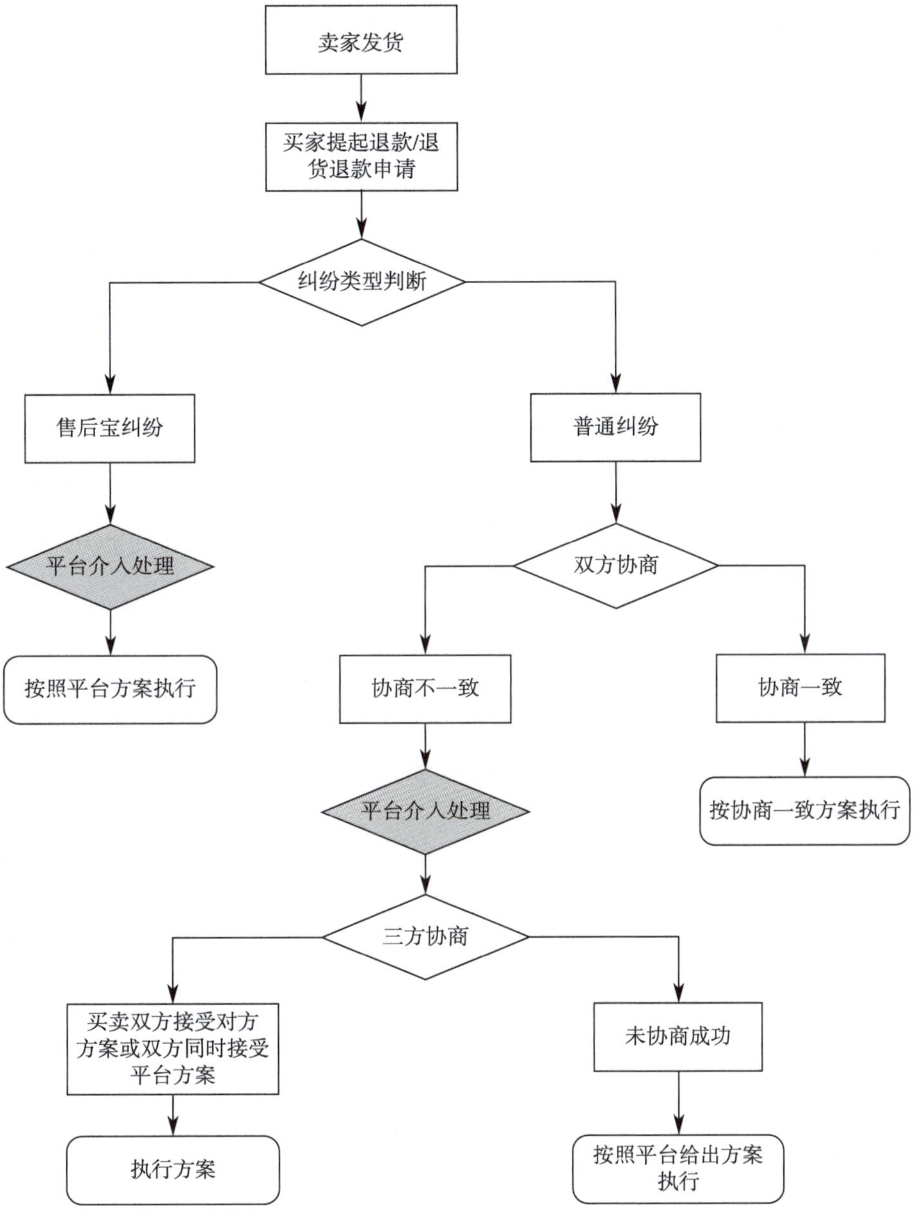

卖家发货
买家提起退款/退货退款申请
纠纷类型判断
售后宝纠纷
普通纠纷
平台介入处理
双方协商
按照平台方案执行
协商不一致
协商一致
平台介入处理
按协商一致方案执行
三方协商
买卖双方接受对方方案或双方同时接受平台方案
未协商成功
执行方案
按照平台给出方案执行

图 8-3-1　全球速卖通平台处理纠纷的基本流程

货物、信息更新和提取错误、包裹遇到退回或妥投失败、包裹丢失等。因此，卖家应结合不同地区、不同快递公司的清关能力，在成本控制的前提下，尽量选择物流信息更新准确、运输时效更佳的公司进行承运。为降低纠纷风险，卖家在发货后应第一时间给买家发送通知信息，确认货物已发出，并提供运单号、物流查询网址等信息。

（1）针对“包裹超时未达，客户未收到货”的情况，如果买家因长时间未收到货物联系卖家，卖家应及时查看物流信息，了解包裹是处于海关扣押状态、仍在运输途中，还是已到达当地网点但未派送。针对出现的不同问题，卖家需耐心地与客户进行沟通解释。

示例

Dear customer,

Thanks for your order. We confirmed that your order had been dispatched on Dec.16 (order No: XXX). However, the tracking information shows that it's still on the way. We're informed that the package hasn't arrived yet due to a shipping delay from the delivery company. If you do not receive your package before Dec. 31, we can resend your order or issue a full refund to you.

We apologize for the inconvenience, and please feel free to contact us if you have any other questions.

Sincerely,

Andy

（2）对可预测的延误进行解释。卖家应该经常关注物流信息，一旦发现异常情况，应及时与买家进行沟通。例如，如果包裹显示在运输途中，且因节假日物流集中可能会延误，卖家应及时向客户反馈这一物流信息，并请买家耐心等待。

示例

Dear customer,

Thanks for shopping with us. We confirmed that your order had been dispatched on Feb. 3 (order No: XXX) .

In celebration of Chinese Spring Festival from Feb.12 to Feb.19, all shipping services will be suspended temporarily and may cause the shipping delay for several days.

If you have any other questions, don't hesitate to contact us.

Thanks for your patience and support.

Best regards,

Andy

（3）货物丢失情况的处理。若物流运输中发生货物丢失，导致客户未收到货物，客服应耐心向客户解释并致歉。为了维护客户关系，卖家可以提供几种解决方案，如全额退款、重新发货、追踪和调查包裹等，并根据具体情况选择最适合的方案进行处理。

示例

Dear customer,

Please don't worry, we will try our best to solve the problem.

We've checked and found that your package was lost on the way. We're sorry for that and we suggest that you apply for a refund or we resend the item to you.

Please reply soon.

Best regards,

Andy

2. 处理海关问题纠纷

当货物被目的国海关扣下时，卖家应第一时间联系客户，共同商讨解决方案。国际快递被扣关的原因有很多，卖家要提示客户保持冷静，并建议客户提供相关材料以协助清关。只要按照正常流程办理清关手续，货物通常可以顺利放行。如果问题出在关税上，卖家可以考虑在自己的承受范围内，帮助买家承担一部分关税以减少纠纷，避免影响后续合作。

示例

Dear customer,

We are sorry to inform you that the items have been held by your local customs. Could you please contact your local post for customs clearance? And we can bear a small portion of the customs duties for you.

Looking forward to your reply.

Best regards,

Andy

3. 处理退换货申请

跨境电商退换货的原因一般包括以下几种：一是客户原因，如客户收到货后觉得商品未达到自己的预期；二是卖家原因，如卖家给客户发错货；三是物流原因，如物流超时未达，或者物流终端联系不上客户；四是商品质量问题，包括运输中商品损坏和卖家发货时即为残次品两种情况。

针对客户的退换货申请，卖家应结合货物价值和物流运输成本来选择处理方法。如果是商品质量问题和发错货的情况，卖家应当无条件退款。但如果是物流延迟或商品未达客户预期的情况，卖家可以先尝试与物流协调或与客户沟通，如果问题无法解决，再考虑退款。

下面以商品质量问题为例，介绍如何处理退换货申请。

（1）了解原因，收集证据和信息。

示例

Dear customer,

Sorry to hear that you received a damaged item. Please don't worry, we will surely try our best to solve the problem.

Would you please send me some clear pictures of the item you received? That will let us know whether it is logistics damage or defective

products sent out. I assure you that you will not bear any loss.

Sorry for the inconvenience caused to you.

Best regards,

Andy

（2）确认问题，同意退换货。如果商品确实存在质量问题，客服在了解清楚原因后应与客户沟通，确定是退货退款还是重新发货。

示例

Dear customer,

Thanks for your pictures. We are sorry that this is logistics damage. We'd like to offer you the following options:

① Return the item to us and you will receive a full refund;

② Return the item and we will give you a replacement when we receive it.

Please let us know your decision soon.

Best regards,

Andy

如果商品质量问题不大，且不影响使用，只是外观方面的小瑕疵，若选择重新发货则不够经济。此时，客服可以与客户进行沟通，建议客户留下商品继续使用，并退回一部分费用作为补偿。

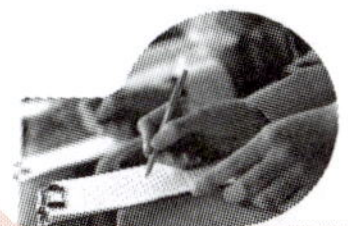

示例

Dear customer,

The pictures were received with thanks. Sorry for the damage to the goods caused by long-distance transportation. As it's just a slight wear and tear, can you accept a compensation of $5? We are willing to offer you a larger discount on your next purchase.

Sorry for the trouble and please feel free to tell us your opinion.

Best regards,

Andy

知识链接

预防纠纷的技巧

留存发货底单：确保每次发货都有详细的底单记录，以便在需要时提供证明。

保持商品描述一致性：确保商品描述在各个环节都保持一致，避免客户因信息不一致而产生误解。

使用原创且清晰的主图：不要盗用他人图片，应使用自己拍摄的高清主图，并避免过度美化，以确保图片真实反映商品状况。

正确填写商品的申报价值：在填写商品申报价值时，要确保准确无误，以避免因价值申报不当而产生的纠纷。

准确完整填写商品属性：详细且准确地填写商品的各项属性，有助于客户更加全面地了解商品，减少因信息不全而产生的纠纷。

确保货源稳定：保持稳定的货源是预防纠纷的重要一环，避免因缺货或发货延迟而给客户带来不便。

退货包裹检查与记录：对于退货的包裹，应在邮局拆开并仔细检查是否有问题，同时拍摄记录视频，以便在需要时提供证据。

合理设置限时达时间：在设置限时达时，要确保时间合理且可行，避免因时间设置不当而产生的纠纷。

标题慎用“free shipping”：确保实际运费与标题描述相符，避免因运费问题产生纠纷。

注重包装材质和质量：选择优质的包装材质并确保包装质量，以减少因包装问题而引发的纠纷。

礼貌、及时地与客户沟通：与客户保持礼貌且及时的沟通，有助于解决潜

在问题，减少纠纷的发生。

纠纷前的协商：若是卖家责任导致的纠纷，应尽可能在纠纷提交至平台前与客户达成协议，以减少对店铺的负面影响。

任务实训

实训目的：

掌握客户退款纠纷的处理流程和方法。

实训内容：

小张查看全球速卖通店铺后台订单情况时，发现一位西班牙客户提起了退款申请。其原因是该客户在店铺下单了一个山地自行车头盔，但收到货后发现头盔外观存在一些划痕，客户表示商品质量有问题，提起了退款申请。请运用所学知识处理客户的退款纠纷。

实训步骤：

【步骤 1】撰写邮件，及时回复客户，对纠纷表示歉意，并要求客户提供照片或视频等证据信息。

Dear customer,

XXXXX（表示歉意，请求提供照片或视频等证据）

Best regards,

Andy

【步骤 2】客户提供了产品的外观磨损照片，磨损不是很严重。客服向客户解释产生此问题的原因，询问客户是否愿意接受 5 美元费用作为补偿。

Dear customer,

Thanks for your pictures.

XXXXX（解释原因）

XXXXX（给予 5 美元费用作为补偿，征求客户意见）

Best regards,

Andy

【步骤 3】客户坚持退款，并表示可以将商品退回。请撰写邮件，告知客户如何办理退货，并提供退货地址。

Dear customer,

Thanks for your reply.

XXXXX（同意退款）

XXXXX（提供退货地址及其他注意事项）

Best regards,

Andy

任务评价

学生完成自我小结并在表 8-3-1 中进行自评打分，教师根据学生表现进行点评并打分。最后按“自我评分 ×40%+ 教师评分 ×60%”的方法计算得分。

表 8-3-1　任务评价表

类别	评价内容	配分	自我评分	教师评分	得分
知识技能	了解纠纷的类型	20			
	了解处理纠纷的流程	20			
	掌握处理纠纷的技巧	20			
职业素养	工作态度细致、认真、严谨	10			
	具备一定的团队合作和沟通能力	20			
	具备一定的创新能力	10			
合计					

思考与练习

1. 假设你是一位跨境电商客服，遇到一位客户反馈未收到货，且物流信息显示“包裹超时未达”。请列出你处理这一纠纷的步骤和可能的解决方案。
2. 绘制全球速卖通平台的纠纷处理流程图，包括主要步骤和时间节点。